Ullstein

ÜBER DAS BUCH:

Deutsche, wollt ihr ewig zahlen? Der Autor rechnet vor, was uns der Aufschwung Ost, der Abzug der Russen und die Sanierung Osteuropas kosten werden. Wenn unsere Politiker weiterhin davon ausgehen, daß der Steuerzahler unendlich zu schröpfen ist, haben sie sich gründlich verrechnet. Was Deutschland bezahlen kann und was nicht, zeigt dieses Buch. »Wer Spaß an einer Mischung aus Börse, Bild und Bunte, aus Cash und Crash ... hat, sollte zu diesem Buch greifen.« (F.A.Z.)

DER AUTOR:

Dr. Paul C. Martin, Jahrgang 1939, ist Diplom-Volkswirt und Doktor der Philosophie. Seit 1968 Wirtschaftsjournalist und seit 1990 Berater des Chefredakteurs bei !FORBES.

Weitere Veröffentlichungen (u. a.):
Klartext (1982); *Wann kommt der Staatsbankrott?* (1982); *Die Pleite* (1984); *Cash – Strategie gegen den Crash* (1985); *Der Kapitalismus* (1986); *Sachwert schlägt Geldwert* (1986); *Aufwärts ohne Ende* (1988).

Paul C. Martin

Zahlmeister Deutschland

So verschleudern sie
unser Geld

Ullstein

Sachbuch
Ullstein Buch Nr. 34933
im Verlag Ullstein GmbH,
Frankfurt/M – Berlin

Ungekürzte Ausgabe
(auf der Grundlage der 2. Auflage)

Umschlagentwurf:
Christel Aumann, München

Printed in Germany 1992
Druck und Verarbeitung:
Ebner Ulm
ISBN 3 548 34933 1

Oktober 1992

Vom selben Autor
in der Reihe
der Ullstein Bücher:

Sachwert schlägt Geldwert (34341)
Der Kapitalismus (34629)
Aufwärts ohne Ende (34697)
Cash-Strategie gegen den Crash (34839)

Die Deutsche Bibliothek –
CIP-Einheitsaufnahme

Martin, Paul C.:
Zahlmeister Deutschland: so
verschleudern sie unser Geld/Paul C.
Martin. – Ungekürzte Ausg. (auf der
Grundlage der 2. Aufl.). – Frankfurt/M;
Berlin: Ullstein, 1992
(Ullstein-Buch; Nr. 34933:
Ullstein-Sachbuch)
ISBN 3-548-34933-1
NE: GT

*»Für die Gabe der Prophezeiung,
so glaubten die Alten, sei ein
bestimmter von Gott gesandter
Zorn vonnöten. Oder eine Tollheit.*

*Für Prophezeiungen in unserer Zeit
muß jemand in seinen Sinnen
aber ganz frei sein vom Einfluß
der gegenwärtig weitverbreiteten
Tollheiten und Verblendungen.«*

David Hume,
zitiert von
John Maynard Keynes,
1932

Inhalt

Einstieg

Liebe Leser,

wir leben in einer Zeit der Tollheit und Verblendung. Eine Tollheit lautet: alles sei von Deutschland finanzierbar. Nur her mit den Rechnungen – alles wird bezahlt.
Die Verblendung dabei ist: Es muß gar nicht wirklich bezahlt werden. Wir können alle Zahlung durch Schuldenmachen auf den St. Nimmerleinstag hinausschieben. Also tut das mit den Rechnungen gar nicht weh.
Das Buch, das Sie in Händen halten, heißt »Zahlmeister«. Und es behandelt Deutschland. Unser Deutschland, die Bundesrepublik.
Zahlen, die mit Deutschland zu tun haben, sind oft willkommen. 6:1, 6:0, 6:0 für Boris Becker. Der neue 8er BMW hat einen Zündunterbrecher bei 250 km/h. Du hast ab Januar 1990 genau 134,56 Mark weniger Steuern im Monat gezahlt. Ab Juli 1991 trifft dich eine Sondersteuer, 12 Monate lang 7,5%. Und damit keiner ausweichen kann (und sich in der ersten Jahreshälfte 1991 auszahlen läßt oder sein Einkommen in die zweite Jahreshälfte 1992 legt), werden alle Steuern auf Lohn und Einkommen 1991/92 mit durchschnittlich 3,75% Supersteuer belegt. Alles weit hinterm Komma genau.
Manche Zahlen sind heiß ersehnt. »... und die Zusatzzahl 44.« Sie haben alles richtig angekreuzt. Kassieren eine Million. Zahlen sind verflucht: »... teilen

wir Ihnen mit, daß sich der monatliche Unterhalt auf DM 2556,98 beläuft.«
Die Zahlen, die Sie auf den folgenden Seiten lesen, sind hoch. Millionen, Milliarden, Billionen. Wieviel ist eine Million? Lassen Sie jede Sekunde (einundzwanzig-zweiundzwanzig-dreiundzwanzig) ein Markstück fallen (Ping, Kling, Ping). Dann dauert es 278 Stunden, bis Ihre Million unten liegt. 278 Stunden sind elfeinhalb Tage.
Million geht noch. Vorstellbar. Ich habe vor Jahren in der »Bild«-Zeitung für Million das Kürzel Mio eingeführt. Weil das Platz spart bei den Überschriften. Mio, Mehrzahl Mios. So wollen wir es auch hier halten. 1 Million = 1 000 000 = eine Mio.
Nach der Mio kommt die Milliarde. Das ist ein komisches Viech wie der bayerische Wolpertinger. Den es nicht gibt. Oder doch? Den hat noch niemand gesehen. Es gibt keinen Menschen auf der Welt, der jemals eine Milliarde geschaut hat. Höchstens am Strand. Da liegen Milliarden Sandkörner rum. Oder am Himmel. Da können Sie eine Milliarde Sternlein sehen. Mit einem guten Fernrohr.

Eine Milliarde sind 1000 Mios.

Lassen Sie eine Milliarde fallen. In Markstücken, pling, kling, pling. Dann dauert es 32 Jahre, bis Sie fertig sind. Eine Milliarde heißt bei uns Mia.
Jetzt zur Billion. Bio. Das ist ein Saurier. Eine Bio sind 1000 Mias. Oder eine Mio mal eine Mio. Sagen Sie nicht, die Saurier seien ausgestorben. Die Schulden des deutschen Staates, die Schulden von Bund, Ländern, Gemeinden, von Bahn und Post - das ist

zum Beispiel eine Bio. Eine Billion D-Mark. Die Schulden des US-Staates sind 3,5 Bios Dollar. Das Geld, das bei den Banken auf der ganzen Welt angelegt ist, liegt bei 15 Bios DM.
Jetzt lassen alle Deutschen jede Sekunde ein Markstück fallen. Jede Sekunde macht es überall in Deutschland Pling und Kling. 8o-Mio-mal. Denn es gibt 80 Millionen Deutsche.
Dann dauert es knapp 3,5 Stunden, bis die Bio unten liegt.
Mios. Mias. Bios. Darum geht es auf den nächsten Seiten.
Darum, daß sie da sind. Darum, daß sie weg sein werden. Daß Sie es sind, der das bezahlen wird. Zahlmeister Deutschland – das sind wir alle. Du und ich, Rita Süssmuth und Steffi Graf, Jupp Heynckes, der kleine Fürst von Thurn & Taxis und Richard von Weizsäcker. Der wird auch bezahlen.

Alle.

Wann und wieviel, das kommt jetzt.

Mit einem fröhlichen »Scheckbuch heraus!« grüßt

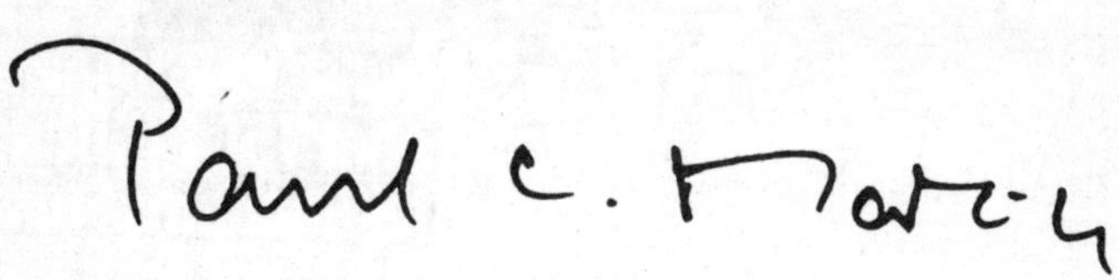

Rasche finanzielle Hilfe für die neuen Bundesländer

Die Ministerpräsidenten in Dresden / Entscheidung über Steuererhöhung nicht vor Ende Februar

möl. DRESDEN, 14. Februar. Die Re-
gierungschefs der neuen Bundesländer und
Berlins haben Steuererhöhungen zur Fi-
nanzierung der inneren und äußeren Ver-
pflichtungen der Bundesrepublik angeregt.
Ohne eine Erhöhung der Staatseinnahmen
seien die Aufgaben nicht zu bewältigen,
sagte der Ministerpräsident Mecklenburg-
Vorpommerns, Gomolka (CDU), am
Donnerstag zum Abschluß einer eintägi-
gen Konferenz in Dresden. Die Minister-
präsidenten, zu denen neuerdings auch der
regierende Bürgermeister von Berlin,
Diepgen, gehört, waren sich darüber einig,
daß die Haushaltslage der neuen Län-
ngend gebe...
r eine ...

handeln. Ferner will man den Anteil von
15 Prozent haben, den der Bund vom
Fonds Deutsche Einheit erhält, und
schließlich soll der Bund die im Einigungs-
vertrag festgelegten Subventionen für
Energiekosten, Mieten und den öffentli-
chen Nahverkehr übernehmen. Damit
hofft man, die einer mittelfristigen Finanz-
planung bereits für 1991 fehlenden Haus-
haltsmittel von 30 bis 50 Milliarden Mark
je nachdem, ob man die Berlin-Förde-
rung und die Subventionsleistungen ein-
rechnet ... können. Im Ge-
... länder
gew...

auch als solche behandelt werden. M...
müsse weg von der bisherigen Rollenver-
teilung, daß der Osten fortwährend der
Bittsteller sei, während der Westen mehr
oder minder bereitwillig nachgeben müsse.
Die H... Grundgesetz ver-
anker... dingunge...
sei e...
Deu...
D...
hina...
anp...
nes...
Di...
ne...

Blüm gibt 5,5 Milliarden Mark für die neuen Länder frei

Schwerin (Reuter) – Bundesarbeitsminister
Blüm hat in Schwerin eine Vereinbarung
unterzeichnet, mit der 5,5 Milliarden Mark
für Arbeitsbeschaffungsmaßnahmen in
den neuen Bundesländern freigegeben wer-
den. Mit diesem Sonderprogramm können
1991 und 1992 rund 148 000 Arbeitnehmer
...mit weite-
...r Ar-
...

TREUHAND

„Am Geld wird nichts scheitern“

Bonn baut die umstrittene Treuhandanstalt zum Industrieministerium aus mit mehr Personal, mehr Geld und neuem Auftrag. Die Superbehörde soll den drohenden Zusammenbruch der Ostwirtschaft abwenden – die Bundesregierung befürchtet schwere soziale Unruhen Kritiker warnen bereits vor einem Staat im Staate

Vier Jahrzehnte lang gab es für ostdeutsche Unternehmensführer nur eine wichtige Adresse. Ob sie Geld für Investitionen brauchten oder Genehmigungen für Importe, ob sie Leute einstellen oder Material kaufen wollten ihre Anlaufstelle war das Haus der Ministerien, Leipziger Straße, Berlin.

Demnächst wird es wieder soweit sein. Wer in der ehemaligen DDR wissen will ob seine Firma überleben kann, ...redite bekommt und ...arf, der ...

mitglied Birgit Bre...
Anfang März, als
Verkaufszahlen ...
stagnierten.
Unter dem ...
der Pleiten und ...
ste haben sich ...
wedder und seine ...
traggeber nun ...
schlossen, den Kurs
wechseln. Die Tre...
handanstalt solle kün...
tig nicht nur liquidi...
ren und privatisiere...
sondern „aktiv sani...
ren“, so lautet jetzt d...
neue Auftrag ...
Bonn.
Die wachsend...
Spannungen in d...
neuen Ländern ha...
die Bonner ei...
gemacht. ...
im Sor...
tie...

Bonn muß mehr zahlen

Letzte Rate an die USA beträgt 2,8 anstatt 2,5 Milliarden Mark

Bonn/Washington (Reuter/AP/dpa) – Der
deutsche Beitrag zu den Kosten des Kriegs
am Golf fällt wegen des deutlich gestiege-
nen Dollarkurses um 300 Millionen Mark
höher aus als geplant. Das Bundesfinanz-
ministerium bestätigte am Dienstag in
Bonn, daß die Zusagen an die USA in Dollar
gemacht worden seien. Wegen des Kursan-
stiegs der US Währung betrage die letzte
Rate, die am Donnerstag an die USA über-
wiesen werden solle, nicht 2,5, sondern
etwa 2,8 Milliarden Mark. Finanzminister
Theo Waigel, der sich zu Gesprächen über
die Kosten des Golfkriegs am Dienstag in
Washington aufhielt, vertrat die Auffas-
sung, daß den Deutschen kein Nachteil
dadurch entstanden sei, daß sie ihre Hilfe
in Dollar angeboten haben. Er wies darauf
... der Wechselkurs bei den ...
...isungen erhal...

Beitrag „außerordentlich gewürdigt“. W...
gel bekräftigte, daß die Zusage Bonns un...
schmälert eingehalten werde. Alles d...
darauf hin, „daß die Kosten nicht ...
bisherigen Schätzungen liegen ...
sagte der Minister. Das wären ru...
liarden Dollar. Waigel war zuvor ...
US-Außenminister James Baker ...
nanzminister Nicholas Brady zus...
getroffen.
Vor dem Hintergrund anhaltend...
kulationen über die tatsächliche H...
Kriegskosten hatte Waigel bereits a...
tag klargemacht, daß die Deutsch...
ihrer Zusage von 6,6 Milliarden D...
von rund eine Milliarde im ...
Jahr) steh...

Deutscher Osten pleite – aber 150 Millionen für Saddams Freund

Freitag, 15. Februar 1991 60 Pf

Bankräuber

Vom Zahlen und vom Zahlmeister

»Wir können nicht überall nur als Bezahlende auftreten.«

Bundesfinanzminister Theo Waigel
26. Februar 1991

»Nichts getan? Nichts getan? Allein in diesem Jahr über 100 Milliarden mobilisiert.«

Bundessozialminister Norbert Blüm
14. März 1991

Ein österreichischer Edler und ein Beinahe-Kanzler aus Leipzig

Sie erinnern sich doch? Was in letzter Zeit so alles an Kosten angefallen ist. Was demnächst gezahlt wird. Der Golfkrieg, das waren mindestens 18 Mias. Für die Russen gab es 6 Mias Kredite. Oder waren es gar 7 Mias? Dann, damit sie abrücken, muß man ihnen schöne neue, warme Kasernen bauen. 6 Mias. Oder 12 Mias? Gab es nicht auch noch Zahlungen an Israel, so eine Art Kriegsentschädigung, weil die Deutschen an den Scud-Angriffen auf Tel-Aviv so unschuldig nicht waren? Außerdem warten noch Schadensersatz-Prozesse, weil deutsche Technologie die Scud-Abschüsse möglich gemacht hat. Haben wir aber seit den 50er Jahren nicht schon über 50 Mias an Israel gezahlt? Wiedergutmachung. Kurden? 250 Mios.

Die EG. Deutschland zahlt dort netto ein. So viel ist klar. Sind es 10 Mias im Jahr? DM. Mehr? Die EG rechnet in Ecu. Das ist ein Kunstgeld. Was ist ein Ecu? Wer weiß das schon. Nicht einmal der offizielle Monatsbericht der Bundesbank veröffentlicht den Kurs des Ecu. (Er liegt so um 2,05 DM.) Der Ecu ist ein Trick, um die wirklichen Zahlungen zu verschleiern. Deutschland zahlt 12 Mia Ecu und entnimmt etwas über 5 Mia Ecu der gemeinsamen Kasse.

Der Aufbau der DDR soll 2 Bios kosten. Oder gar 3. Gespenstische Vorstellungen. Einzelposten: 16,5 Mias allein, um den deutschen Truppen im Befehlsbereich Ost eine sinnvolle Infrastruktur zu verschaffen, einschließlich Umweltschutz – »Stichwort Ölabscheider« sagt der Verteidigungsminister auf der

Kommandeurstagung der Bundeswehr. Was ist ein Ölabscheider? Der General **Jörg Schönbohm,** ein glänzender Troupier, verrät in einem Gespräch mit der »Welt am Sonntag«: »Wenn ich überschlagsmäßig davon ausgehe, daß wir künftig pro Jahr zwischen 400 und 500 Millionen Mark erhalten, dann würde es 30 bis 35 Jahre dauern, bis der Standard Ost dem Standard West angeglichen ist.«
35 Jahre – welch eine Perspektive! Nicht nur daß es Geld kostet, sondern es kostet sehr, sehr lange sehr, sehr viel Geld.
200 Mias für Bahn und Straßen. Irgendwas ist auch mit Telefon und entsprechenden Gebührenerhöhungen. 4 Mias, 6 Mias. Was kostet ein neues Telefonnetz für ein Land, das größer ist als Österreich und die Schweiz zusammengenommen?
Kennen Sie alle die Zahlen nicht mehr? Sie sind doch dabei, wenn jeden Tag neue Zahlen aus dem Fernseher purzeln.
Unsere *Arbeitslosen,* vor allem in den neuen Bundesländern. Dafür sollen die Arbeitnehmer der Republik 1991 um die 71 Mias ausgeben. Das sind 27 Mias mehr als 1990. Am 1. 4. 91 stieg der Prozentsatz von Lohn und Gehalt, der für die Arbeitslosenversicherung abgeführt werden muß, von 4,3 auf 6,8 %. Grund: Die vielen Arbeitslosen in der Ex-DDR, die auf Unterstützung warten. Grund für die vielen Arbeitslosen in der Ex-DDR? Sie verlangen *zu hohe Löhne.*
Haben Sie schon einmal von **Ludwig Edler von Mises** gehört? Das war ein feiner Herr, der auch im wärmsten Sommer nie die Jacke ablegte. Er lebte von 1881

bis 1973, kam aus Lemberg und starb in New York. Mises war ein lupenreiner Marktwirtschaftler. Gegen ihn wirken die Nenn-Marktwirtschaftler in den heutigen politischen Parteien, im Wirtschaftsministerium und in den Unternehmensverbänden wie Dackel neben einem Dobermann. Ludwig von Mises sagt: »*Wenn Waren keine Käufer und Arbeiter keine Arbeit finden, dann kann das nur einen Grund haben: die geforderten Preise und Löhne sind zu hoch.*« Das sagte er schon 1940. Warum setzt sich ein so einfacher Satz nach einem halben Jahrhundert noch nicht durch? Ist er so schwer zu kapieren?

Haben Sie schon mal den Namen **Carl Goerdeler** gehört? Der war 1920 bis 1937 OB von Königsberg und Leipzig. Dann ging er in den Widerstand. Die Männer des 20. Juli wollten ihn zum ersten Kanzler eines freien Deutschland machen, wenn Hitler getötet worden wäre. Goerdeler wurde verraten und gehenkt.

Goerdeler hatte schon ein Regierungsprogramm ausgearbeitet. Damit wollte er die Menschen aus der Diktatur in die Freiheit führen. Politisch und wirtschaftlich. In Goerdelers Programm steht:

»Je besser der Mensch leben will, um so mehr muß er mit Kopf und Hand leisten. *Aus der jetzigen Verarmung können wir um so schneller heraus, je härter und bescheidener wir arbeiten, d.h. je mehr wir anspruchslos leisten.*«

Wunderbare, klare Worte. Kanzler **Helmut Kohl,** der politische Ururenkel Goerdelers, hat diese Worte nie gelesen (oder er hat sie vergessen). Er hat sie den Ossis nicht vorgelesen. Statt dessen setzte er ihnen

faustgroße Rosinen in den Kopf, von wegen, allen soll es besser, keinem schlechter gehen.
Diese Worte von Carl Goerdeler sollten über jedem Klassenzimmer der Ex-DDR stehen:
»Unsere Grundlage ist die Erkenntnis, daß der Mensch um so mehr leistet, je klarer das Ergebnis seiner Leistung sein eigenes Schicksal bestimmt. *Nur wenn der Faule den Mißerfolg, der Fleißige den Erfolg als Gestalter seines Lebens empfindet, durchzustehen und durchzusetzen hat, wird höchste Leistung geboren.* Daraus folgt, daß die Wirtschaft am blühendsten wird, wenn der Staat oder ein anderer Zusammenschluß dem einzelnen *möglichst viele Risiken beläßt und möglichst wenige Risiken abnimmt.«*
Statt dessen haben die Wessis den Ossis alle Risiken abgenommen.
Alle. Das Risiko, daß ihre Ostmark als wertlose Papierfetzen eingezogen werden. Das Risiko des Darbens, des Dürstens und Hungerns. Das Risiko, woanders eine Wohnung suchen zu müssen. Das Risiko des Auswandern-Müssens. Das Risiko, keine Rente zu kriegen, weil der Staat, der Rentenversprecher, bankrott gemacht hat.
Logische Folge: Die Wirtschaft drüben kann nicht »erblühen«! Die Wiese ist zertrampelt, der Bulldozer »Sozialstaat« hat sie plattgemacht. Die Wessis werden bluten und bluten, weil die Ossis nicht lernen können, für sich selbst zu sorgen. Die Ossis sind vom sozialistischen Wohlfahrtsstaat in den marktwirtschaftlichen geplumpst. Ein Hängematten-Wechsel – das war die Wiedervereinigung. Mehr nicht.
Was ist überhaupt mit unseren Finanzen los? Ein

Defizit beim Bund von 70 Mias. Die Länder und Gemeinden? Die Treuhand nimmt locker-flockig Geld auf. Wieviel ist es? »Geld spielt in diesen Tagen keine Rolle mehr«, schreibt **Wolfgang Kaden** im Herbst 1990 im »Spiegel«.

Seit Jahren warten die Deutschen auf einen Kassensturz. Zum ersten Mal war der in der Zeit der sozialliberalen Koalition (1969–82) von **Franz Josef Strauß** gefordert worden. Der Mann wußte, wovon er sprach: Er war der letzte deutsche Finanzminister, der den Haushalt mit Plus abgeschlossen hat (1968/69).

Weltweit wachsen mit dem Beginn der 90er Jahre die Konjunktur-Risiken. Immer mehr Bücher erscheinen, die eine unschöne Talfahrt verheißen. Das sind nicht Schwarzmaler, die keine andere Farbe finden können. Es sind kluge, bedächtige Leute, die den Menschen kennen. Leute, die wissen, daß auf Phasen der Fettlebe auch mal Phasen des Hungerns folgen. 7 fette Jahre, 7 magere, so war es schon im alten Ägypten. Der französische Arzt **Clément Juglar** brachte das im vorigen Jahrhundert auf die einfache Formel: »Die Ursache für eine Depression ist die Prosperität.« Prosperität haben wir überreichlich.

Die 80er Jahre waren die Zeit der Kredit-Exzesse. Führen Kredit-Exzesse zum Konjunktursturz? Selbstverständlich, sobald sich die Kredite nicht mehr »rechnen«. Die »rechnen« sich nicht mehr, sobald keine neuen Kredite aufgenommen werden, um damit die Produkte zu kaufen, die mit Hilfe der früheren Kredite hergestellt wurden/werden.

Wer über den Abstieg jammert, klagt in Wahrheit darüber, daß ihm Illusionen genommen werden. **Lud-**

wig von Mises lehrt in seinem trefflichen Hauptwerk »Nationalökonomie«: »Der Abstieg vernichtet nicht Werte, er wertet nur illusionsfrei und nüchtern. Was man als Übel des Konjunkturniedergangs ansieht, ist das Gewahrwerden der Folgen des durch die Kreditausweitung vorgetäuschten Aufstiegs.« Und: »Der Aufstieg war Kapitalfehlleitung und daher Kapitalverminderung und wirtschaftlicher Rückschritt, der Abstieg ist wirtschaftlicher Fortschritt.«

Deutschland hat einen Klumpfuß, die Treuhandanstalt, den in Berlin residierenden Superkonzern, der die volkseigene Hinterlassenschaft der Ex-DDR übernommen hat: 8000 Betriebe, angeblich 500 Mias DM Vermögen. Angeblich, denn in Wahrheit sind 95% der Ex-DDR-Betriebe nichts wert.

Die Treuhandanstalt lebt von der Vorstellung, daß der Staat es besser machen könne als der private Unternehmer. Sie tut so, als sei sie ein privates Unternehmen, hatte erst einen Ex-Staats-Manager an der Spitze (Gohlke), dann einen SPD-Mann (Rohwedder), der in einem mitbestimmten Konzern (Hoesch) während der größten Stahlkonjunktur aller Zeiten Gewinne gemacht hat. Der nächste Treuhand-Chef wurde eine wundervolle Dame, Birgit Breuel, die Tochter des verstorbenen Bankiers Münchmeyer. Ihr Bruder machte mit der SMH-Bank in den 80er Jahren pleite und wurde wg. Betrugs verurteilt. Schwester Birgit gilt als sehr tough. Jahrelang war sie CDU-Kandidatin in Hamburg, hat es aber nicht geschafft, den sozialistischen Sumpf der Hansestadt trockenzulegen, indem sie selbst die Mehrheit errang. Als Finanzministerin in Niedersachsen hat sie mehr

Schulden gemacht als ihre Vorgänger. Gemeinsam mit dem Ministerpräsidenten Albrecht wurde sie abgewählt. Sind das alles die richtigen Leute, einen solchen Staatskonzern zu führen?
Die Treuhand ist dem Finanzminister unterstellt, weil die ursprüngliche Idee war: Sie soll durch den Verkauf von Ex-DDR-Firmen Geld in die Bonner Kasse bringen. Inzwischen hat sich die Treuhand als Riesen-Pleite entpuppt. Sie hat den Steuerzahler im ersten Jahr ihrer erhabenen Existenz 12 Mias gekostet. Oder mehr? Bis Mitte der 90er Jahre werden via Treuhand 100 Bonner Mias abgeflossen sein. Oder weniger?

Gorbi lacht, Kohl zahlt!

Aber es ist ja für die Einheit

Goldregen

Neues Spiel, neues Glück! Gewinnen Sie

„Wir rechnen auf die Deutschen“

GEL-Gespräch

tschow

Möllemanns teure Rettungsaktion für die ostdeutsche Wirtschaft

Bonner Geschenke an Moskau

Von HEINZ SCHMITZ

Zweckoptimismus verbreitete Bundeswirtschaftsminister Jürgen Möllemann nach seinem Gespräch mit dem sowjetischen Ministerpräsidenten Walentin Pawlow in Moskau. Pawlow habe ihm zugesagt, in den nächsten 14 Tagen werde über die Vergabe von Aufträgen an deutsche Unternehmen verbindlich entschieden.

Das von Möllemann in Mos' ierte „Geschäft“ entbehr jeglicher wirtschaftliche Die Verkäufe sollen ni großzügigen Kredi her Banken, die verbürgt, fin ohl der K lagen

● Aus dem Ende 1990 abgeschlossenen Transferrubel-Geschäft des ehemaligen Rates für gegenseitige Wirtschaftshilfe (RGW) ... Deutschland als ... DDR

Herausgegeben von Fritz Ullrich Fack, Joachim Fest, Jürgen Jeske, Hugo Müller-Vogg, Jo

Moskau erwartet von Bonn Zahlungen in zweistelliger Milliardenhöhe

...ungsabkommen / Stationierung, Wohnungsbau, Umschulung / Kohl telefoniert mit Gorbatschow

September. Bundeskanz-, in Telefongesprächen hen Präsidenten Gorba- schließenden Zwei-plus- Außenminister über

Stationierung sowjetischer Truppen und deren Abzug nach vier Jahren, wenn das Zwei-plus-vier-Dokument als abschließende völkerrechtliche Regelung der außenpolitischen Gesichtspunkte der deutschen Einheit am Mittwoch unterschrieben soll. ... handelt ... aufzuwen-

Verantwortung für die Lösung der fragen von den Unterhändlern a abwälzen lassen und hat offenb allgemeinen Wendungen mit Go über die Dringlichkeit der gesprochen. Kohl scheint daß der Zeitdruck auf M weil die Sowjetunion fi se braucht. Der sowje ...menier Sitar

Herz für Rußland 41 Millionen auf dem Konto

Von KLAUS J. UTHICKE

Phantastisch! Auf dem Konto der großen Gem... schaftsaktion „Ein Herz für Rußland“ von ARD, und BILD sind bishe... llionen Mark einge... Ein Beweis für da... fühl vieler Deutsc... den Ärmsten in ... helfen wollen – tro... Kriegs und Krise i... kum. In der ARD-Live... „Die Goldene 1“ ... abend (20.15 Uhr) ... Max Schautzer den gr... Spender vor. ... wieviel er gab.

Deutsche Milliardenhilfe an die Sowjetunion

Mitfinanzierung des Truppenabzugs aus der DDR und des Wohnungsbaus in der UdSSR

Bonn und Moskau haben sich auf die Grundsätze eines Wirtschaftsvertrags sowie eines Überleitabkommens für den sowjetischen Truppenabzug aus der DDR und die Regelung der Verpflichtungen aus Lieferverträgen zwischen der UdSSR und der DDR geeinigt. Erhebliche Divergenzen bestehen noch über die Höhe der deutschen Finanzhilfe, die Milliardenbeträge ausmachen dürfte. Diese Frage soll in den nächsten Tagen direkt zwischen Bundeskanzler und Staatspräsident Gorbatschew geklärt werden.

Cls. Bonn, 6. September

... *Finanzhilfen* an die Sowjetunion ... mit dem Truppenabzug aus ... Regelung von Lieferver- ...fener sowjetischer ...den die deut-

Umschulungsprogramm für Sowjetsoldaten ziell auf den Wohnungsbau auszurichten.

Umschuldung in Milli...

Was die sowjeti... bäude und ...

Demokratie
und
Potlatsch

»Soll das Land glücklich sein,
will der Fürst geachtet werden,
muß er unbedingt Ordnung
in seinen Finanzen halten.
Noch nie hat eine arme Regierung
sich Ansehen verschafft.«

Friedrich II., Politisches Testament 1752

»Der Kapitalismus beginnt historisch
mit dem Schenken.
Die ersten Kapitalisten waren
Stammeshäuptlinge, die einander
im Veranstalten großer Festlichkeiten
zu übertreffen suchten.«

George Gilder, Reichtum und Armut, 1981

Der Griff in die Tasche

Während Sie das hier lesen, greift Ihnen jemand in die Tasche.
Ein Multi-Jemand. Ein vielköpfiges Ungeheuer. Ein Wesen aus fabelhafter Zeit. Wenn Sie genau hinschauen, sehen Sie einen Albaner. Einen Mann aus Zaire. Einen Ägypter neben einem Israeli. Einen, der in der Antarktis überwintert, einen der in der Sahelzone seinen Wasserschlauch zu den aufgesprungenen Lippen führt.
Hohe Herrschaften greifen. Der EG-Präsident greift rein. Der US-Präsident. Seine Exzellenz, der Präsident der Sowjetunion.
Als ich ein kleines Kind war, war Krieg. Deutschland gegen den Rest der Welt. Am Schluß, als schon alles verloren war, ging es auch hinter den immer näher rückenden Fronten jeder gegen jeden. Wer nicht aufpaßte, wurde bestohlen. Ich erinnere mich an Plakate, die zeigten einen großen schwarzen Mann. Der hatte einen Sack auf dem Rücken und eilte in schnellem Schritt davon. Drunter stand: VORSICHT – DER KOHLENKLAU GEHT UM.
Der Kohlenklau ist wiederauferstanden. Er ist nicht mehr schwarz und hat es eilig. Er trägt eine Generals-Uniform oder einen ordentlichen Zweireiher. Er tritt uns lächelnd entgegen. Es ist der DM-Klau. Er greift uns ab. Wir freuen uns darüber. Wir zahlen.
Milton Friedman, der kleine weise Mann, Nobelpreisträger für Ökonomie, hat einmal gesagt: »Es gibt vier Arten, Geld auszugeben. Jedesmal wird's schlimmer.« Das sind die 4 Arten. Die erste: Sein Geld für

sich ausgeben. Das ist die Krawatte, die man sich ungern kauft, weil man schon eine hat. Die zweite Art: Sein Geld für andere ausgeben. Da ist man schon flotter. Schließlich soll das Geschenk etwas über den Geber sagen. Ein Aaah der Mami, wenn sie mal wieder einen Rosenstrauß in Händen hält.
Dann gibst du anderer Leute Geld für dich aus. Da geht's dahin. Die Spesen, die die Firma zahlt. Bosse der Neuen Heimat wurden gefeuert, weil sie sogar Bordellrechnungen auf Firmenkosten abzusetzen versuchten. Der SEL-Chef Lohr kippte (mit ihm der arme geizige Schwabe **Lothar Späth**), weil er Reiterferien seiner Tochter, sein Haus in Mallorca und Schampus für den Segeltörn der Firma aufs Auge drückte. Ein leibhaftiger oberster Richter, Pfeifer hieß der Mann, bestellte sich als erstes eine getäfelte neue Büroeinrichtung. Frau **Rita Süssmuth,** die Präsidentin des Deutschen Bundestages, steckte ihrem Gatten einen Dienstwagen zu. Großer Benz und so, und das Benzin zahlte der Staat.
Das ist aber noch gar nichts. Richtig Geld geht drauf, wenn du anderer Leute Geld für andere ausgibst. »Das«, sagt der weise kleine Jude Friedman, »sind die Politiker«. Alle Politiker der Welt zusammen geben jedes Jahr rund 8 Bios DM aus. 8 000 000 000 000. Das geben sie aus – und wir jubeln ihnen zu. Wir freuen uns, daß sie *unser* Geld ausgeben und so tun, als käme es von ihnen.
Adolf Hitler finanzierte den Umbau der alten Reichskanzlei aus seinen privaten Mitteln, und der Herr Gatte von Frau Professor Süssmuth muß das Geld fürs Benzin beim Steuerzahler abrechnen. Hitler, der Ver-

brecher, Herr Süssmuth, der Demokrat. So ändern sich Zeiten und Sitten.
Die Idee, den »Zahlmeister« zu schreiben, hatte ich 1989. Das Buch wurde auch schon angekündigt. Aber da merkte ich: es ist zu früh. Ich wollte nicht wieder zu früh daher kommen, wie mit meinem Buch »Gold schlägt Geld«. Das kam 1973 raus, aber bis zur großen Gold-Hausse mußten Autor und Leser noch 7 magere Jahre warten. Als ich das Gold-Buch vorstellte, stand an der Goldtafel in Frankfurt mit Hand 7700 DM/Kilo. Die Makler am Frankfurter Börsenparkett zeigten mir den Vogel. 1980 waren aus einem Kilo Gold über 40 000 DM geworden.
Oder mit meinem Buch »Cash – Strategie gegen den Crash«. Das erschien 1985, und wieder dauerte es 2 bittere lange Jahre, bis die Zeitungen das Wort »Crash« zur Kenntnis nahmen – damals im Oktober 1987, als der Dow-Jones-Index an einem Tag 500 Punkte verlor, und die Weltwirtschaft auf der Kippe stand. Heute weiß jeder, was »Crash« ist (was nicht alle wissen: daß noch ganz andere Crashs bevorstehen als bloß die am Aktienmarkt). Aber mir haben erstmal alle den Vogel gezeigt.
Jetzt der »Zahlmeister«. Wieso denkt man an so ein Buch, noch bevor der große Genschman mit Koffern abfliegt, in denen mehr Schecks als Oberhemden sind? Lange bevor die Pleite der Ex-DDR auf uns zukommt, lange bevor Saddam durchdreht, lange bevor die Russen abrücken?
Ist es eine Lust an Miesepetrigkeiten, die mich umtreibt? Nur ja irgendein schlimmes Thema suchen, um daraus bare Funken zu schlagen (Der Autor eines

Buches kriegt 10% vom Ladenverkaufspreis minus Mehrwertsteuer als Gage)?

Die Antwort: Die Bundesrepublik Deutschland ist eine repräsentative Demokratie. *Es zeichnet sich ab, daß repräsentative Demokratien eine Fehlkonstruktion sind.* Repräsentative Demokratien bringen eine Kaste hervor, die »Repräsentanten« alias die Politiker. Das sind Menschen, die davon leben, daß sie so repräsentieren, daß der Wähler sie wiederwählt.

Wie aber kann der Politiker den Wähler so repräsentieren, daß er wiedergewählt wird? Dazu gibt es nur einen Weg: Der Repräsentant (Politiker) muß dem Repräsentierten (Wähler) das Gefühl geben, er habe etwas davon, repräsentiert zu sein.

Klartext: Der Wähler muß stets das Gefühl haben, es ist besser, repräsentiert zu sein, als nicht repräsentiert zu sein.

Die Repräsentanz des Volkes findet im Parlament und in der Regierung statt. Der Wähler darf also niemals daran zweifeln, daß es mit Parlament und daraus entstandener Regierung besser ist als ohne.

Um dem Wähler den Zweifel zu nehmen, muß nicht einfach nur »gut« regiert werden. Gute und weise Regierungen gab es in allen möglichen Staatsformen. Ein Mann, wie der römische Kaiser **Augustus** gilt als Inbegriff des weisen Regenten, wiewohl er ein faschistischer Diktator war, der Ägypten ausplünderte und mit dem Geld in Rom Konjunkturprogramme startete. Apropos Faschisten: Von **Benito Mussolini** waren alle Italiener noch bis tief in den Krieg hinein begeistert. **Adolf Hitler** galt den Deutschen Mitte der 30er Jahre als Retter aus tiefster Not. Sie brüllten

nicht »Heil Hitler«, weil sie kollektiv schwachsinnig waren, sondern weil sie im Führer einen »Heiland« sahen.
Kaum ein Historiker hat etwas an Kaisern wie **Friedrich II.** von Hohenstaufen, **Friedrich dem Großen** oder **Wilhelm I.** auszusetzen. Ein klassischer Politruk, Machtmensch, Diktator, Lügner und Bolschewik wie **Michail Gorbatschow** bekam sogar den Friedensnobelpreis, und alle krochen vor ihm auf dem Bauch. **Maggie Thatcher** hat den Kerl angehimmelt, als wolle sie mit ihm ins Bett. Afrikanische Potentaten, wie **Leopold Senghor** oder **Houphouët-Boigny,** werden ob ihrer Weisheit und staatsmännischen Künste gerühmt.
Die repräsentative Demokratie muß sich genauso bewähren, wie der Große Fritz seine Schlachten gewinnen und Gorbi das Nobelpreiskomittee auf's Kreuz legen mußte.
Wie bewährt sich die repräsentative Demokratie?
Sie muß dem Volk mehr geben, als sie ihm nimmt. Ich habe diesen Gedanken in vielen meiner Bücher in allen Varianten ausgeführt (»Wann kommt der Staatsbankrott«, »Die Pleite«, »Der Kapitalismus«, »Aufwärts ohne Ende«).
Deshalb hier nur ein kurzes da capo:
1. In der repräsentativen Demokratie muß »der Staat« (das ist die Firma der Demokratie) *mehr Geld ausgeben, als er einnimmt.* Sonst kommt der Wähler auf dumme Gedanken. Der dümmste Gedanke wäre der: Wenn ich keinen solchen »Staat« habe, stelle ich mich doch besser – oder? Ich habe dann doch mehr Geld als »mit Staat«, nicht wahr?

Nehmen wir die Politiker aller Staaten der Welt. Sie geben um die 8 Bios im Jahr aus und nehmen nur etwa 6,8 Bios ein.

2. *Mehr ausgeben als einnehmen ist also tatsächlich und notwendig.* So kommt das Schuldenmachen über die Welt, das zu allen repräsentativen Demokratien gehört wie der süße Senf zur Weißwurst.

3. Schuldenmachen führt zur Zinsverpflichtung. Auch der »Staat« muß Zinsen bieten, sonst kann er keine Schulden machen. Von Rückzahlung wollen wir gar nicht erst reden. Staatsschulden werden nie zurückgezahlt.

4. Der »Staat« kann sein Geld bloß am Kapitalmarkt pumpen, wie jede private Firma auch. Irgendwelche geheimen Truhen, in die er greifen könnte, gibt es nicht. Es gibt keinen »Staatsschatz«, den unsere repräsentativen Demokraten heben, keine »hohen Kanten«, auf die sie greifen könnten.

5. Der »Staat« der repräsentativen Demokratie *ist immer im Minus.* Das Minus wächst schnell. Der wichtigste »Staat« der Demokratie, die USA, hat ihre Schulden in 10 Jahren verdreifacht. Inzwischen liegen sie bei 3,5 Bios Dollar und wachsen täglich mit fast einer Mia. Bevor **Ronald Reagan** das neue Amerika ausrief, hatten die Schulden unter 1 Bio gelegen.

6. Die Zinsen, die für ein solch schnell wachsendes Minus gezahlt werden müssen, schlägt der »Staat« grundsätzlich zur Schuld. Er begibt sich auf die Zinseszins-Reise. Es ist eine Reise ins Nichts. Eine Schuld, die sich mit 8% Zinseszins hinfort bewegt, verdoppelt sich alle neun Jahre. Also: 2, 4, 8, 16. In 36 Jahren ist es das 16fache.

7. Der ehemalige deutsche Finanzminister **Gerhard Stoltenberg,** der von der liberal-konservativen Regierung 1982 eingesetzt wurde, um zu »sparen«, hat die Schulden des Bundes von 300 auf 500 Mias hochgefahren. Das dauerte kaum 7 Jahre. Schußfahrt mit Zinseszins-Rakete. Die Schuld wächst schließlich immer schneller.

8. Schulden sind nicht schlimm. Ich habe nachgewiesen, daß Schulden überhaupt das Dungbeet sind, aus dem Lebensstandard und Wohlstand sprießen. *Ohne Schulden kein Druck, ohne Druck kein Wirtschaftswachstum.* Der große deutsche Betriebswirtschaftslehrer **Eugen Schmalenbach** schreibt einmal: »Auf Schulden reitet das Genie zum Erfolg.« Schlimm sind nur Schulden, die außer Kontrolle geraten. Wie die Staatsschulden. Sie würgen letztlich Wachstum und Wirtschaft ab.

9. Wann sind Staatsschulden schlimme Schulden? Das ist der Knackpunkt. Er liegt dort, wo die Schulden (und mit ihnen die Zinsen) schneller steigen, als das, woraus sie eines Tages bezahlt werden können. (Alles, was es dazu zu wissen gibt, ist in einem Theorem niedergelegt, das der österreichische Ingenieur **Walter Lüftl,** er ist inzwischen Präsident der Ingenieurskammer seiner Republik, entwickelt hat. Wen die unausweichliche Logik des Gesamtbankrotts von uns allen interessiert, auf den wir zueilen, liest die Bücher, die unter Lüftl/Martin und Martin/Lüftl erschienen sind).

Der Wähler wird mit seinem eigenen Geld bestochen

Zurück zur repräsentativen Demokratie. *Die Politiker werden in diesem System gezwungen, die Wähler mit deren eigenem Geld zu bestechen.* Sie leihen sich das Geld vom einem Wähler, geben es einem zweiten Wähler und sagen dem ersten Wähler: Wir zahlen dir das Geld mit Zins und Zinseszins zurück.
So kassiert der Wähler doppelt. Wähler A sofort und netto. Wähler B später, den gleichen Betrag mit Zinseszins.
So können die Politiker an der Macht bleiben.
Das ist aber nur die erste Stufe. Ab einem bestimmten Punkt der internationalen Zusammenarbeit werden die Politiker gezwungen, dieses System, das Friedman unter Punkt 4 beschreibt, zu exportieren. Der Wähler zu Hause will nicht nur stillgestellt sein, was nicht allzuschwer zu bewerkstelligen ist.
Der Wähler will auch Anerkennung. Das ist so, wie wenn sich der Elektro-Großhändler, der sich aus kleinsten Anfängen emporgearbeitet hat, den Konsultitel kauft. Die Führer dieser weiten Erde sollen den eigenen Führern herzlich, offen und freundlich gegenübertreten. In Zeiten internationaler Umarmung (Abrüstung usw.) treten sich alle Völker und alle Führer aller Völker freundlich gegenüber. Diese Umarmung ist ein Ritual, das nach den Regeln einer seltsamen Party abläuft, in der jeder jeden beim Schenken zu übertreffen sucht.
Der französische Völkerkundler **Marcel Mauss** hat über das Ritual ein ganzes Buch geschrieben. Es heißt

»Le don« – das Geschenk. Maus beschreibt wilde Völkerstämme im Westen Kanadas und im Pazifik, die sich auf folgende Weise ruinieren: Ein Häuptling macht einem anderen Häuptling ein Geschenk. Der freut sich aber nicht, sondern ist sauer und grübelt, wie er den Kollegen mit einem Gegengeschenk übertreffen kann. Dann fällt ihm was Passendes ein, und er schenkt zurück. Der erste Häuptling ist ganz baff, und wird nun auch stocksauer, weil er mit dem Gegengeschenk übertroffen wurde. Er sinnt auf Rache und läßt sich ein noch viel größeres Geschenk einfallen. Und so weiter. Es kommt zu einer wilden Geschenke-Schlacht, in der sich ganze Völkerschaften ruinieren. »Potlatsch« nennt einer der Stämme diesen Unfug.
Auch die Bundesrepublik Deutschland ist vom Potlatsch angesteckt. Eine schlimme Krankheit. Sie führt unweigerlich zum Tode. Denn bei den Häuptlingen im Pazifik war irgendwann Schluß, weil die Boote unter der Last der Gaben kenterten und alle ertranken. Dann mußten die Jungs zu Hause bleiben.
Im Falle einer modernen Volkswirtschaft aber ist dem Schenken keinerlei Grenze gesetzt. Was die Deutschen schenken sind nicht getrocknete Fische, Keulen aus Palisander oder Kanupaddel, mit Korallen besetzt.
Wir schenken nicht, was es schon gibt. Wir schenken, was es noch nicht gibt.
Wir schenken nicht in Form einer Zahlung. Wir schenken Zahlungsversprechen.
Diese Zahlungsversprechen sind größer als das, was wir je leisten können. Wir verschenken Sozialprodukt, das wir zu erstellen gar nicht in der Lage sein werden.

Wir verschenken Geld, das kein Mensch je verdienen wird. Wir verschenken also gebrochene Versprechen. Ja wir verschenken uns selbst.
Wir sind der Zahlmeister der Welt. Ein Zahlmeister, der rachitisch ist. Dessen Boot kentert. Und der ertrinken wird.

Neue Zürcher Zeitung

Massive Kreditaufnahme des deutschen Staates

Gesamtverschuldung übersteigt Billionenschwelle

Der Bonner Finanzminister Waigel hat bei der Vorstellung des dritten Nachtragshaushalts 1990 erneut die hohe Kreditfinanzierung der deutschen Einheit als gerechtfertigt verteidigt und Steuererhöhungen ausgeschlossen. Über die Grössenordnung der Einsparungen und Umschichtungen im Haushalt 1991 wollte Waigel noch nichts sagen; die Koalition will diese schwierige Arbeit aber unmittelbar nach der Vereinigung in Angriff nehmen.

Cls. Bonn, 28. September

Mit dem *dritten Nachtrag* zum laufenden *Bonner Etat 1990* wird zugleich der bisherige *Teilhaushalt der DDR* in einen ersten gesamtdeutschen Haushalt *integriert.* Dieser hat, wie bereits berichtet (vgl. NZZ Nr. 225), ein Gesamtausgabenvolumen von 396 Mia. DM. Bei Steuereinnahmen von 272,8 Mia. DM und sonstigen Einkünften (Gebühren, Privatisierungserlöse, Bundesbankgewinn) von 56,5 Mia. DM resultiert ein voraussichtliches, durch Kredite abzudeckendes *Defizit* von 66,8 Mia. DM. Davon betreffen 51,8 Mia. DM den *Abschnitt A (Bundesrepublik)* und 0 Mia. DM den *Abschnitt B (DDR;* Kreditauf- bis zum Beitritt). Der Nachtragshaushalt *Mehraufwendungen* von 20,1 Mia. DM Mia. DM Abschnitt A und 17,7

rechtfertigt und in ihrem Ausmass *verkraftbar* sei. Der Finanzminister bezeichnete die Kosten als «langfristige Investition in die Zukunft», die auch kommenden Generationen Vorteile bringen werde. Den Anforderungen stünden *ergiebige Kapitalmärkte* gegenüber. 1989 hätten die *private Haushalte* der Bundesrepublik 170 Mia. DM *g spart,* was einer Sparquote von 12,5% entsprac Im ersten Halbjahr 1990 sei die Quote sogar noc auf 13,7% gestiegen. Damit stehe Deutschlan neben Japan an der *Weltspitze.* Die Neuverschul dung des Staates entspricht nach Waigel einem Anteil am Bruttosozialprodukt von 3,5%. Diese Relation liege unter früheren Werten: Mitte der siebziger Jahre habe sie 6% und in den Jahren 1981/82 gute 5% betragen.

Steuererhöhungen nur letztes Mittel

-uererhöhungen im Zusammenhang mit der als Alternative zur Kreditfinan-

---

Die deutsche Zahlsucht

»Annual income twenty pounds,
annual expenditure nineteen nineteen six,
result: happiness.
Annual income twenty pounds,
annual expenditure twenty pounds ought and six,
result: misery.«

Mr. Wilkins Micawber in: Charles Dickens,
David Copperfield 1850

Vom Denar zum Goldloch

Die Geschichte des Zahlmeisters ist eine Geschichte deutscher Zahlsucht.

Die Deutschen treten als Germanen in die Geschichte ein. **Tacitus,** der römische Geschichtsschreiber, meint, sie hätten gar kein Geld gekannt. Das verwundert nicht bei primitiven Stämmen. Was bei den primitiven Germanen kursierte, waren 4 Gramm schwere römische Silbermünzen (»Denare«), am Rande eingekerbt, damit jeder sehen konnte, daß sie auch ganz aus Silber waren. Die hießen Serratus (»gezackt«; serra = die Säge). Gelegentlich versuchten sich unsere Vorfahren im Nachprägen römischer Denare, wie sich die Römer im Nachäffen des Germanischen versuchten. Der römische Kaiser **Caracalla** (186–217) trug bekanntlich germanische Hosen und eine blonde Perücke, um schön teutsch dreinzuschauen.

Der lateinische Denarius (= je zehn), einst Hauptsilbermünze eines Weltreichs, war durch die Münzverschlechterung der Cäsaren auf 0,05 Gramm abgewertet worden. Das alte Rom ging auch an einem Zahlungsproblem zugrunde, wie alle Weltreiche, die folgen sollten. Die letzten Münzen der Römer waren Kupferstücke, die kurz in Silbersud getaucht waren, damit sie wie Silbermünzen glänzten und nach »Geld« (= Geltendem) ausschauten.

Daß die Deutschen in Gelddingen schon immer liebenswerte Trottel waren, zeigt die Geschichte des letzten römischen Kaisers **Romulus Augustulus.** Den setzte der germanische General **Odoaker** anno 476 ab und schickte ihn, 17jährig, in Rente. Romulus lebte auf seinem splendiden Landgut bei Neapel und kassierte nach heutiger Kaufkraft über 10 Mios DM im Jahr. Das war so eine Existenz wie der letzte Krupp, jener geschminkte **Arndt von Bohlen und Halbach,** der jährlich über 2 Mios kassierte, die von den Bergarbeitern in den ehemaligen Kruppschen Kohlengruben erschuftet werden mußten.

Zum Geld und zum Bezahlen bekamen die Deutschen eine nationale und zugleich rationale Beziehung unter **Karl dem Großen.** Der führte eine Münzreform ein, die bis zum 13. Jahrhundert Bestand hatte. Danach waren 1 Pfund Silber = 20 mittlere = 240 kleine Stücke. Die kleinen Münzen des großen Karl hießen wieder »Denare«.

Die Deutschen hatten es Zeit ihrer Geschichte schwer in Mitteleuropa. Von allen Seiten drängelte es. Die Slawen drückten vom Osten, die Franzosen vom Westen. Wer hat das Heidelberger Schloß gebrandschatzt? Ein verirrter Kugelblitz oder doch die Franzosen? Von Norden fielen die Schweden ein (30jähriger Krieg) und die Dänen. Bitte sehr, es ist gerade 125 Jahre her, da annektierten die Preußen Schleswig-Holstein. Heute regen sich die aufgeklärten Demokraten über Saddam Hussein auf. Vor allem die Demokraten in Amerika. Was haben die Amis nicht alles annektiert: Florida, Texas, die meisten Gebiete im Westen von Kalifornien bis Oregon.

Im Süden, wohin sich das Deutsche Reich einst bis nach Apulien weitete, ging immer mehr Gebiet verloren. Österreich wollte nicht so recht und konnte dann nicht mehr, ein großes Reich, das an einem Zahlungsproblem zugrunde ging. Schließlich verschwanden sogar nationale Kernlande aus deutschem Griff, wie der größte Teil der gefürsteten Grafschaft Tirol, die lupenreines Deutschland war. Heute gehört es zu Italien.

Immer wieder hat es die Deutschen gedrängt, ihre schlechte Papier-Form, die schon der flüchtige Blick auf die Landkarte offenbart, zu verbessern. So versuchten die Kaiser des Mittelalters, Italien zu halten. Der letzte Staufer wurde in Neapel enthauptet. Der wahre Grund des staufischen Desasters: Geldmangel. In der Neuzeit war Deutschland wirtschaftlich so schwach, *daß es ein halbes Jahrtausend lang eine passive Handelsbilanz besaß.* Erst unmittelbar vor dem Ersten Weltkrieg bahnte sich eine Besserung an. Wer mehr einführt als ausführt, muß für die Differenz bezahlen. So fehlte in Deutschland immer Geld. **Martin Luther** nannte Frankfurt, den Ort, wo während der Messen das meiste Geld abfloß, das »Silber- und Goldloch« des Reiches. Kaiser Leopold I. versuchte zu Beginn des 18. Jahrhunderts den Geldabfluß durch Strafbestimmungen zu stoppen.

Statt mit Geld kann man es auch mit Land versuchen. **Otto von Bismarck** versuchte Elsaß-Lothringen zurückzuholen, eine Kinderei, denn Frankreich vergißt nie. »Nie davon sprechen, immer daran denken«, war ihre Devise, und 1918 war die Bismarcksche Kinderei vorbei. Elsaß und Lothringen, einst deutsche Kernlande, blieben bei Frankreich.

Im Norden gab es wenig zu erobern. Viel weiter als bis Sylt trauten sich auch die Preußen nicht. Dann war da noch der Osten. Der wurde mit Siedlern überschwemmt, die heute als »Aussiedlern« wieder zurückdrängen. Auch mit Soldaten wurde es versucht. Lief es gegen die Armee des Zaren noch ganz leidlich (Friede von Brest-Litowsk), war gegen Stalins Mannen im Verein mit amerikanischen Jeeps und Panzern kein Kraut gewachsen. Der letzte Reichskanzler erschoß sich im Bunker.

Alle »Zwischenreiche« sind im Laufe der Geschichte verschwunden. Die Staaten Kleinasiens zwischen Rom und den Parthern, Burgund im ausgehenden Mittelalter. Texas hielt sich nicht zwischen den USA und Mexiko. Polen verschwand mehrmals zwischen seinen Nachbarn. Was mag aus Deutschland werden? Zwischen Franzosen und Slawen, zwischen Skandinaviern und der Levante. Von Herzen gehaßt von den Engländern?

Die Deutschen versuchten ihren Geburtsfehler wettzumachen, indem sie expandierten, sich zu Reichen zusammenschlossen, schließlich nach der Weltmacht griffen.

Die Sache mit den »Reparationen«

Immer ging es schief, und die Deutschen wurden bestraft. Im Friedensdiktat von Versailles mußten sie viel Land abtreten und einen Haufen Geld bezahlen. Sogenannte *Reparationen* (von »reparare« = wieder heil machen). Das war gleich so viel, daß eine kluge deutsche Regierung beschloß, das Thema durch eine Hyperinflation aus der Welt zu schaffen. Die Sieger

von 1918 sahen plötzlich, daß der ausgeguckte Zahlmeister nicht zahlen konnte und wollte.
Womit hätten die Deutschen zahlen sollen? Nachdem ihnen Land und der Rest ihrer Schätze (Gold war im Krieg draufgegangen) genommen waren, konnten sie nur mit Hilfe von Waren leisten. Diese Waren aber wollten die Alliierten nicht abnehmen. Deutschland hatte – wie immer – eine passive Handelsbilanz (importierte also mehr, als es exportieren konnte). Wie sollte es aus einem Überschuß seine Schulden tilgen?
Der englische Ökonom **John Maynard Keynes** erkannte mit seinem in Cambridge und mit langer Lektüre der »Times« geschulten Intellekt, daß das nicht funktionieren konnte. Er wurde als Berater des englischen Schatzamtes Mitglied der Friedensdelegation seines Landes und schrieb 1919 ein Buch über die »Wirtschaftlichen Folgen des Friedens«. Sein Gedanke: *Deutschland kann nicht bezahlen, da die Sieger ihm verwehren, Überschüsse zu erwirtschaften.* Mit dem Buch wurde Keynes weltberühmt – ein Beweis, daß gesunder Menschenverstand damals noch in Ehren stand. Genutzt hat es nichts.
Die deutschen Reparationen wurden 1920 auf 226,4 Mias Goldmark festgesetzt. Das war 36mal soviel, wie die Deutschen im letzten großen Krieg, den gegen Frankreich 1871, als Kontribution kassiert hatten. Schon damals konnte kein Mensch rechnen. Das deutsche Sozialprodukt war zwischen 1871 und dem letzten Friedensjahr 1913 von 11 auf 48 Mias Mark gestiegen, also bloß um das 4,4fache.
1921 wurden die Deutschen angewiesen, über 42 Jahre hin zu zahlen, und zwar in steigender

Summe. Pro Jahr war das nun eine erträglichere Zahl. Aber der Denkfehler war der gleiche: Deutschland konnte nicht zahlen, da es nichts hatte und es ihm verwehrt war, Geld zur Zahlung zu verdienen. Der Zahlmeister war gar keiner. Es bleibt bis heute ein Rätsel, wieso das mit den Reparationen niemand früher durchschaut hatte. Immer hatte Deutschland mehr importiert als exportiert: 1900 war das Verhältnis Export zu Import: 4,6 zu 5,8 Mias, 1905: 5,7 zu 7,1 Mias, 1910: 7,5 zu 8,9 Mias. Nur 1913 glich sich die Handelsbilanz beinahe aus. Deutschland exportierte für 10,097 Mias und importierte für 10,770 Mias Mark.

Nach der großen Inflation von 1920/23 und einem Moratorium wurde 1924 ein neuer Plan ausgeheckt. Diesmal unter Federführung eines Profis, des amerikanischen Bankiers **Charles Dawes** (1865–1951). Der argumentierte wie ein Bankier: Erst die Sau mästen, bevor sie abgestochen wird. So bekam Deutschland gleich einen »Stabilisierungs«-Kredit über 800 Mios, der zog weitere Gelder ins Land. Aus diesen Geldern konnten auch zunächst die Zahlungen geleistet werden: jährliche bloß noch 2,4 Mias Goldmark. Dawes bekam für sein Kunststück den Friedensnobelpreis.

Deutschland war Zahlmeister geworden, aber einer, der den Leuten nur jenes Geld wiedergab, das man dem Zahlmeister geliehen hatte.

Das ging schief, klaro. Die deutsche Handelsbilanz war passiv wie eh und je. Zwischen 1924 und 1928 stiegen die Exporte von 10 auf 12,3 Mias Mark. Die Importe aber stiegen von 9 auf 14 Mias. 1929 sah es wieder mal nach einer ausgeglichenen Handelsbilanz aus – aber die Freude war kurz. Die Weltwirtschaftskrise startete, die deutsche Wirtschaftkraft, basierend auf kurzfristigen Krediten, schrumpfte wie ein alter Apfel. Die bangen Fragen der Kreditgeber wurden drängender, die Kredite schließlich abgezogen. Das Ende war die Pleite.

1929 einigt man sich auf einen weiteren Reparationsplan, den der US-Manager **Owen Young** (1874–1962) ausgeheckt hatte. Wieder gab es erstmal eine Anleihe, 300 Mios $ zu 5,5 %. Danach sollte Deutschland weniger zahlen: 2 Mias Goldmark im Schnitt, und das länger gestreckt: auf 59 Jahre. Die letzte Rate wäre 1988 fällig gewesen. Der Meister **John Maynard Keynes** meldete sich wieder zu Wort. Diesmal meinte er, Deutschland könne zahlen. Es müsse halt nur den Gürtel enger schnallen, Löhne kürzen, die Binnenkaufkraft vermindern. Dann würde genug übrig bleiben. Ein Exportüberschuß müßte automatisch entstehen, aus dem sich die Sieger bedienen könnten. Weder die Rückzahlung der Kredite noch die Bedienung der Reparationen sei dann noch ein Problem.

Was Keynes verzapfte, trat prompt ein. Deutschland schnallte enger und kriegte 6 Mios Arbeitslose. Hitler kam und das Elend des Nationalsozialismus hub an.

Keynes hatte bewiesen, daß nichts leichter ist, als sich in wirtschaftlichen Debatten interessant zu machen. Dazu muß man nur alle paar Jahre das Gegenteil von dem behaupten, was man früher gesagt hat. Bekanntlich hat Keynes 1936 dann ein Buch zur Beschäftigungstheorie geschrieben, mit der er sich wieder einmal um 180 Grad drehte: Er favorisierte wieder Geldverplempern statt Gürtelschnallen und macht sich zum Anwalt von ausschweifender Staats*verschuldung,* was genau das Gegenteil von Rück*zahlung* war. Insgesamt zahlte Deutschland 22,9 Mias Goldmark an Reparationen. Das war rund ein Zehntel des Betrages, der ursprünglich gefordert worden war.

Der deutsche Staatsbankrott und die Lehren der Geschichte

1931 stellte das Reich die Zahlungen ein, zunächst »vorübergehend«. Danach wurde noch ein bißchen verhandelt. Alle Gläubiger Deutschlands wollten verzichten, wenn nur die Amerikaner, die Letzt-Gläubiger, auch verzichten würden. Amerika hatte die Kriegsausgaben der Alliierten gegen Deutschland finanziert. Aber Amerika wollte nicht so recht. So wollte dann Deutschland auch nicht so recht. *Es stellte 1934 die Zahlungen endgültig ein.* Der Zahlmeister war hinüber. Die Amis kriegten aus ihren Krediten, die sie an England usw. vergeben hatten, auch nichts mehr. Insgesamt wurde in den Finanzdesastern, Staats- und Privatbankrotten der 30er Jahre mehr Geld verloren, als in den 20er Jahren gezahlt bzw. zurückgezahlt worden war.
Die Lektion der Geschichte wurde gelernt. Nach dem Zweiten Weltkrieg gab es keine Reparationen mehr. Nach dem Zweiten Weltkrieg wurden keine internationalen Kredite gekündigt.
Seit 40 Jahren herrscht eine wonnigliche internationale Zusammenarbeit, die darin besteht, keinen

Schuldner, und sei er noch so hoffnungslos im Minus, fallen zu lassen. Seit 40 Jahren wird der erste Teil des Dawes- und Young-Planes immer wiederholt: Kredite, Kredite, Kredite.
Seit 40 Jahren ist nirgendwo mehr ernsthaft ausgebucht worden. Gelegentlich gibt es Wertberichtigungen von Anleihen an zahlungsunfähige Drittweltstaaten in den Bankbilanzen. Doch das sind Bruchteile. Sobald irgendwo eine Zahlungsunfähigkeit bevorsteht, die zu einer *Kettenreaktion* zu werden droht, wie sie in den 30er Jahren zu beobachten war, kommt es zu einem rätselhaften Schuldner-Wechsel. Was der zahlungsunfähige Kombattant zu leisten nicht mehr imstande ist, besorgt für ihn ein solventer »Dritter«.

Diese »Dritten« sind:

- **Notenbanken.** Beispiel: Als die Schweizerische Kreditanstalt wegen Krediten wackelte, die via Chiasso an windige Italo-Engagements vergeben wurden, gab die Schweizerische Nationalbank eine Garantie ab. Als in London das Handelshaus Matthey Johnson pleite war, sprang die Bank of England ein. Als 1991 der Credit Crunch die USA beutelte, meinte Fed-Chef **Alan Greespan:** Wir müssen dafür sorgen, daß die Banken »weniger beengt« sind, durch zu hohe Eigenkapitalerfordernisse und ähnliches Haftendes.
- **Weltbank und Internationaler Währungsfonds.** Diese Institutionen beschaffen für Staaten in aller Welt Kredite und, wenn diese notleidend sind, Stretching der Kredite, und wenn es sonstige Zahlungsprobleme gibt, werden beim Währungsfonds Konten eingerichtet, die neue Kredite aus blauer Luft bu-

chen. Man nennt diese Konten, in denen man sich bedienen kann, »Special Drawing Rights«. Das ist so, wie wenn Herr Müller, dem die Bank gesagt hat, sein Überziehungskredit ist nun ausgeschöpft, sein Haus reichlich belastet, und auch sonst bestehe kein Kreditspielraum mehr, plötzlich in das Zimmer des Direktors gerufen wird, der ihm eröffnet: »Lieber Herr Müller, unsere Bank räumt ihnen einen weiteren Kredit ein, wir nennen ihn das »ganz Spezielle«. Sie können also auf uns ziehen, wie sie möchten.«

● **Staaten.** Das sind die letzten Schuldner. Jene »Lender of last Resort«, jene »Leihhäuser zur letzten Zuflucht«, als die sich zwischen 1700 und 1980 die Notenbanken aufgespielt haben. Seit dem Ausbruch der Südamerika-Krise, seit dem Verschwindibus der Dritt-Welt- und Ostblock-Kredite haben sich die Staaten der Industrie-Welt als großer Quarterback aufgespielt. Sie rufen immerzu »an mich«, wenn irgendwo gefragt wird, was denn wohl aus einem Kredit werden soll.

Wie ist die Bundesrepublik bei diesen Aktionen dabei?

Na, reichlich. Wir haben summa 6 Mias offiziell Schulden erlassen. Schulden der »ärmsten Länder«. Wir bürgen für weitere 140 Mias Schulden der Dritten Welt. Wir werden die Gelder, die in Polen usw. stehen, nie mehr wiedersehen.

Ist der Zahlmeister nach dem Kriege wiederauferstanden?

Ich meine jetzt nicht die endgültige Regelung des Reparationsproblems aus dem Ersten Weltkrieg durch das Londoner Schuldenabkommen von 1953.

Damals hat der überaus tüchtige Bankier **Hermann Josef Abs** die Bundesrepublik mit ein paar hundert Mios DM davonkommen lassen. Mitte der 70er Jahre lag die Restschuld nur noch bei ca. 500 Mios DM. Das ist Kleingeld.
Inzwischen werden Stimmen laut, die Deutschen sollten doch endlich an die *Reparationszahlungen für den Zweiten Weltkrieg* denken. Als die Polen entsprechende Stimmen erhoben, schloß ihnen Kanzler Kohl den Mund mit dem Hinweis, im Falle von Reparationsforderungen würde Bonn die Oder-Neiße-Grenze nicht als endgültig anerkennen.
Auch das war eine generöse Geste. Polen, das gut ein Drittel seines heutigen Staatsgebietes aus dem Bestand des Deutschen Reiches hat, bekam damit – bewertet zu durchschnittlichen westdeutschen Hektarpreisen – Land für rund 300 Mias DM geschenkt.
Andere wollen immer noch etwas haben. Seit die DDR von der Landkarte verschwunden ist, werden die Stimmen lauter, sie sei noch etwas schuldig. Israel hat Forderungen angemeldet. Die DDR hatte bisher keine Wiedergutmachung gezahlt. Prinzipiell hat die alte DDR-Volkskammer die Schulden anerkannt. Wann und in welcher Form die Forderung aufgetischt wird – wer weiß. Vermutlich laufen schon Geheimverhandlungen. Ungarn, ein anderer Fall, hat 500 Mios DM Schadenersatz gefordert. Grund: Kontrakte, die nicht mehr erfüllt wurden. Ungarn und die DDR waren enge Handelspartner (5,3 % der ungarischen Exporte gingen 1989 dorthin, 6,2 % der Importe kamen aus dem Ex-Honecker-Staat). Zum Beispiel hat die DDR nicht mehr 174 000 Tonnen Weizen abneh-

men können, es hat die Bestellungen ungarischer Weine im letzten Jahr ihrer Existenz halbiert.
Doch alles halb so schlimm. Kurz nachdem die Wiedervereinigung Tagesthema geworden war, gab die Deutsche Bank Ungarn einen Kredit über 500 Mios DM. Die Bonner Regierung hat 90% davon garantiert.
Ach ja, der liebe Osten. Ei, was zahlen wir denn da?

An die ruhmreiche Sowjetunion:

Nahrungsmittelhilfe	0,2 Mias DM
Kredit mit Bundesbürgschaft	5,0 Mias DM
Geplant für die nächsten 5 Jahre	30,0 Mias DM
Internationaler Marshallplan (Summa 100 Mias; deutscher Anteil 10%)	10,0 Mias DM
36 000 Wohnungen	12,0 Mias DM
Dazu deutscher Anteil an EG-Hilfen (26%)	4,45 Mias DM
Summa:	61,65 Mias DM

(Das ist beiläufig pro Altbundesbürger, pro Wessi, ziemlich genau ein Tausender; die Sowjetunion dankt)

An die Volksrepublik Polen:

Umschuldungen bis 1991	3,74 Mias DM
Sonstige Leistungen, Hermes-Deckung, Jumbo-Kredit, Zinsvorteile, Postzuschüsse	4,721 Mias DM
Bundesländer	0,650 Mias DM
Summe:	9,111 Mias DM

Für Ungarn sind verhandelt:

ein Kredit	1,0 Mia DM
im Gespräch	9,0 Mias DM
Summe:	10,0 Mias DM

Die ČSFR hat sich für the hard way entschieden. Sie wird von einem brillanten Mann geführt, Finanzminister **Václav Klaus.** Er will sein Land ohne Treuhand und ohne staatliche Westkredite in die Höhe bringen. Dieser Weg ist richtig und verdient unsere Sympathie. Die ČSFR war vor dem Zweiten Weltkrieg das reichste Land Europas, vor der Schweiz und vor Großbritannien. Durch eine straffe marktwirtschaftliche Politik scheint sich der Weg dahin wieder zu öffnen. Vielleicht überholt sie uns eines Tages?

… 11,0 Milliarden D-
…gemeldeten Überfälligkei-
von Hermes verbürgte Ge-
…e steigen rapide an. Sie beliefen
…n Ende Januar 1991 auf mehr als
…ine viertel Milliarde DM.

● Deutsche Unternehmen warten auf die Begleichung fälliger Lieferantenkredite, die nicht Hermes-garantiert waren, weil die Sowjetunion in der Vergangenheit als guter Schuldner …alt, über etwa 1,8 Milliarden D-Mark.

● Die Geschäftsbanken beginnen da…, für unverbürgte Sowjet-Kredite …kstellungen zu bilden, da sie offen…it Ausfällen rechnen. Wegen der …nen Kreditwürdigkeit de… …nd die Banken auch …

… im Wert von 10,5 Milliarden D-Mark in die Sowjetunion geliefert, deren Bezahlung offen ist, während die Produktion bereits in D-Mark bezahlt werden mußte. Über die Abwicklung der Transferrubel-Salden will man sich im Laufe des Jahres 1991 verständigen. Zu erwarten ist eine „großzügige Regelung", also eine weit… … Abschreibung der deuts… ge…

Das Risiko liegt nicht nur bei neun Milliarden

Wenn Moskau also jetzt tatsächli… für neun Milliarden D-Mark Best… lungen aufgibt, so ist nicht nur d… Risiko groß, daß dieses Geld ein… Tages der Bund erstatten muß, w… die entsprechenden Hermes-Bür…

THE WALL STREET JOURNAL EUROPE …

West Germany Will Borrow DM30 Billion to Help East

AP-DOW JONES NEWS SERVICE

FRANKFURT – West Germany's post telecommunications agency plans to …bout 30 billion Deutsche marks … up a mobile telephone network with 300,000 connections. The Bonn ministry also wants to …

Suez … Corp …

PA… shar… Ci… …

…-Interview mit dem Vorsitzenden der CDU/CSU-Bundestagsfraktion, Alfred Dregger:

„Nein, nein, keine Steuererhöhung"

…as wird aus dem § 218 im …sten gesamtdeutschen Parlament?

…egger: Die zur Zeit in der …DR geltende Fristenlösung …ach unserem Grundgesetz …ssungswidrig. Wir, die …, wollen, daß das ge…eutsche Parlament …hst bald – etwa ein Jahr …r Regierungsbildung – …regelung zum Schutz …borenen Lebens be…lle besser ist als die beiden Teilen …ds geltenden, un…ien Regelungen.

…erhöhungen zur …der Einheit, sagt …Aber es muß ge…Wo?

…brauchen keine …gen. Die …sind solide. …des Staates …das Brutto… geringer …okrati…

…ermehreinnahmen in Höhe von 115 Milliarden Mark – und das, obwohl wir die Steuersätze gesenkt haben! Wer ein sozialistisches Brett vor dem Kopf hat, sieht in Steuererhöhungen ein Allheilmittel und kann nicht verstehen, daß

Steuererhöhungen – wie sie die CDU-geführte Bundesregierung verwirklicht hat – zu mehr Steuereinnahmen führen. Das ist aber so. Gespart werden muß trotzdem. Aber ich kann … lich sagen:

mit dem sozialen Charakter unserer Politik unvereinbar waren, wird es nicht geben.

Wie soll unser Staat künftig heißen?

Dregger: D…

BERLIN / Kosten durch Verlegung des Regierungssitzes

Regierung rechnet mit „11,75 Mrd. DM plus X"

HANDELSBLATT, Donnerstag, 29.11.1990

uhl BONN. Mindestens 11,75 Mrd. DM zu Preisen von 1990 würde nach einer „Modellrechnung" der Bundesregierung der Umzug von Bundestag, Bundesrat und Ministerien nach Berlin kosten. Bei Verbleib des Regierungs…tzes in Bonn müßten für geplante …maßnahmen und für den langfri… …20 % ca. …men wird. Di…

schüsse oder Sonderprogramme d… Bundes zu prüfen.

● Nicht erfaßt seien auch die K… für den Umzug und die Unterbr… der Beschäftigten von Fra… Ländervertretungen, auslä… Botschaften, Parteien, Verbä… sonstigen Organisationen.

Von den 11,75 Mrd. DM 4,05 Mrd. DM auf die Unt… der Bundesressorts (davo… …erung vorhe…

„Zahlen für die schönste Sache"

Bundesarbeitsminister Norbert Blüm über soziale Lasten und Probleme der deutschen Einheit

SPIEGEL: Herr Blüm, Sie haben der DDR, sobald sie nur von der Zwangsjacke der sozialistischen Planwirtschaft …eit sei, einen steilen Wirtschaftsauf…oransgesagt. Davon ist nichts …lauft falsch?

…sst, am Tag der …

nicht in vier Monaten aus den Kleidern geschwitzt, das weiß jeder. Die Währungs-, Wirtschafts- und Sozialunion war der erste Schritt. Der nächste entscheidende wird der 3. Oktober sein

SPIEGEL: Der… Kur…

BLÜM: Das ist noch nicht ein halbe Wahrheit. Die durchsch… Renten sind zum Beispiel mit… union rund 30 Prozent ges… aufwärts …

Zahlen, was und wann – die armen Deutschen

»Bis zu 5000 Bürger unserer Wohlstandsnation landen jedes Jahr zusätzlich auf der Straße, 300 000 – schätzen Wohlfahrtsverbände und Behörden – sind schon dort.«

Frankfurter Allgemeine Zeitung vom 2. März 1991

Vom Sozialprodukt und anderem Zahlkram

Jeden Tag wird gezahlt. Irgendwas von irgendwem. Verschaffen wir uns einen Überblick. Der Überblick ist wichtig. Sonst verirren wir uns im Zahlenwald.
In Deutschland gibt es ein »Sozialprodukt«. Das Wort haben wir schon so oft gehört. Es bedeutet: Es ist die Summe (aha) aller Güter (z.B. Auto) und Dienste (z.B. Autowaschen), die in einem Jahr zustande kommt.
Das Sozialprodukt der Bundesrepublik Deutschland (Altreich) beträgt gut aufgerundet 2,5 Bios DM. Mit der DDR sind es vielleicht rund 3 Bios, statistisch wackelig. Das ganze bedeutet brutto, also ersetzte Güter werden nicht abgezogen (Auto in die Schrottpresse, neues her vom Fließband). Das Sozialprodukt berücksichtigt auch nicht, ob sich ein Neubau rechnet oder ob er leersteht. Vieles fehlt im Sozialprodukt, z.B. die Arbeit der Hausfrau. Das BRD-Sozialprodukt wird in »laufenden Preisen« angegeben (in Preisen von 1980 läge es erst bei etwa 1,9 Bios, die Differenz ist heiße Luft, sprich Inflation).
2,5 Bios sind 2500 Mias, 3 Bios sind 3 Mios Mios.
Dafür wird gezahlt. Wenn für das Sozialprodukt nicht gezahlt würde, könnte man es ja nicht berechnen. Ein Gramm Auto macht keine Statistik.
2,5 Bios ist pro Tag 6,85 Mias Mark. Ist pro Stunde 285 Mios, pro Minute 4,75 Mios.
Oder mal ganz anders: **In jeder Sekunde 80 000 Mark. Das wird in Deutschland für deutsche Leistung bezahlt.**
»Wird bezahlt«. Das sagt sich leicht. Ein Teil der

Zahlungen geschieht *freiwillig,* ein anderer durch *Zwang.*
Ob ich ein neues Auto kaufe oder nicht, ist freiwillig. Kaufe ich kein neues Auto, sind die Freundin und mein Ego sauer. Mehr passiert nicht.
Ob ich aber meine Rate für das Auto bezahle oder nicht, das ist nicht freiwillig. Zahle ich die Rate nicht, wird die Bank böse.
Der Unterschied zwischen meinem Ego, der Freundin und der Bank: Die Bank kann mich echt unter Druck setzen, *unter existentiellen Druck.* Ich erscheine bei Nichtbezahlen in der Schufa-Liste der faulen Kunden mit einem dicken Kreuz hinter dem Namen, ich kriege keinen zweiten Kredit mehr, meiner Firma flattert eine Lohnpfändung ins Haus und so weiter.
Wenn wir über Sozialprodukt reden, reden wir natürlich über bezahltes Sozialprodukt, sonst wär's ja keines. Selbst ein Auto, das ich nicht gekauft habe, weil ich stärker war als mein Ego und die Freundin und weil ich Angst davor hatte, in der Schufa-Liste zu erscheinen, selbst so ein unverkauftes Auto erscheint in der Sozialproduktsberechnung: weil es ja der Autoverkäufer bezahlt hat. Und wenn das Auto noch auf dem Hof in der Fabrik steht, erscheint es auch in der Statistik, weil die Autofabrik die Teile für das Auto bezahlt hat: Löhne, Bleche, Lampen.
Mit welchem Betrag das Auto schließlich in der Sozialprodukts-Statistik erscheint, hängt bloß davon ab, ob es noch bei der Autofabrik steht, beim Händler oder bei mir und meinem Ego auf dem Hofe.
Jetzt sind wir schon am Punkt.
Ob ich das Auto kaufe – das ist freiwillig. Ob der

Autohändler das Auto kauft, ist schon nicht mehr so ganz freiwillig. Er hat Abnahmeverpflichtungen dem Werk gegenüber. Das Werk, das das Auto baut, hat schon fast gar kein Wahl mehr: die Löhne laufen, die Bleche sind bestellt, die Lampen auch.
Wir unterscheiden also freiwillige, halb freiwillige und unfreiwillige Zahlungen.
Am schlimmsten sind Zahlungen, denen man überhaupt nicht ausweichen kann. Das reicht von Alimenten bis Zinsen.
Wie ist das mit dem Sozialprodukt? Wie kann ich erfahren, ob und welche Zahlungen freiwillig sind und welche nicht?
Da gibt es einen einfachen Trick, das herauszufinden.

Von Freiheit und von Schuld

Zahlungs-Verpflichtungen entstehen aus Schulden. Wir müssen nur herausfinden, wie sich die Schulden entwickelt haben, die in einer Volkswirtschaft existieren. Die vergleichen wir dann mit dem Sozialprodukt. Dann sehen wir, wie sich das Verhältnis Schulden/Sozialprodukt entwickelt hat, und schon wissen wir, wo's lang geht. Je höher das Verhältnis Schulden/Sozialprodukt steigt, um so mehr Sozialprodukt wird unter Zwang erstellt.
Ein Arbeiter mit 5 Kindern muß sehr fleißig sein, damit er seine Familie ernähren kann. Aber es muß ja nicht jeden Mittag Fleisch auf den Tisch. Geht es dem Arbeiter schlecht, tut es auch Spinat mit Spiegelei und Kartoffeln.

Beim *Essen* ist der Mensch flexibel. Bei der *Miete* geht es auch noch. Wenn's nicht mehr anders geht, kann man in eine billigere Wohnung umziehen.
Etwas anderes ist schon das *eigene Haus.* Das Geld dafür legt der Arbeiter nicht bar auf den Tisch. Er muß Schulden machen. Aus den Schulden folgt der Zwang zu Zins- und Tilgungszahlungen.
Dann kommt das auf Pump gekaufte *Auto.* Dann die anderen Kredite. Für Stereoanlage, für das Video-Set, für die Urlaubsreise.
In der Bundesrepublik sind 254 Mias DM *Konsumentenschulden* aufgelaufen, davon 118 Mias DM *Ratenkredite.* Mit den Schulden auf Haus und Wohnung sind die Verbraucher mit 765 Mias DM verschuldet. *Pro Kopf sind das 12 300 DM,* vom Kind bis zum Greis (nur Wessis). Vor 10 Jahren waren das erst 6260 DM.
Je höher die aus Schulden resultierenden Zwangszahlungen sind, die der Mensch zu leisten hat, um so weniger flexibel ist er. Er wird unfrei.
Das Wort »frei« hatte in der Geschichte immer die Bedeutung »frei zu sein von Zwang«, konkret von »Zahlungszwang«. Ein freier Herr (»Freiherr«) mußte keine Abgaben an einen über ihm Stehenden leisten. Der große englische Philosoph **Thomas Hobbes** sagt im 21. Kapitel seines Hauptwerks »Leviathan«: »Werden die Wörter ›frei‹ und ›Freiheit‹ von anderen als körperlichen Dingen gebraucht, so ist das ein Mißbrauch. Was keiner Bewegung fähig ist, kann auch kein Hindernis finden. Sagt man also z. B.: der Weg ist frei, so bezieht sich diese Freiheit nicht auf den Weg, sondern auf den Wanderer.«

Wir können den Anfang- und den Endpunkt klar ausmachen: **Frei ist, wer alle Zahlungen freiwillig leistet.** Unfrei ist, wer alle Zahlungen unfreiwillig leistet, wer sie leistet, weil er sie leisten muß.
Dabei spielt es keine Rolle, wenn der Unfreie seine Lage selbst verschuldet hat. Es kommt nur auf die Fakten an.
Der Endpunkt einer Existenz ist erreicht, wenn alle Einzahlungen, die jemand erhält (Löhne, Gehälter, Zinsen, Renten, staatliche Unterstützungszahlungen usw.) gerade ausreichen, um die zwangsweise erforderlichen Auszahlungen zu leisten.
Im Falle des Arbeiters: Er verdient gerade so viel, um alle »aufgelaufenen« (wie das so schön heißt) Verpflichtungen zu erfüllen. Alles, was er verdient, geht drauf für ein Minimum an Lebensstandard, der nicht unterschritten werden kann, wenn die Familie nicht hungern soll; für die unbedingt erforderliche Miete (weil es keine billigeren Wohnungen gibt); für die Raten für das Haus, das Auto, den Fernseher, die Reise usw.
Im Falle der ganzen Volkswirtschaft: **Das ganze Sozialprodukt besteht nur noch aus erfüllten Zahlungsverpflichtungen.**
Das erscheint zunächst abwegig. Wie könnte es jemals möglich sein, daß wir – in einer *freien* Gesellschaft, mit einer *freien* Wirtschaft – in eine Lage kommen, in der wir alles, was wir tun und lassen, was wir leisten und produzieren, *nur unter Zwang* bewerkstelligen?
Es ist möglich. Wir sind auf schnellstem Weg dahin.
Nehmen wir die deutschen Bankkredite, die andersherum betrachtet logischerweise unsere Schulden

sind. Ende 1980 lagen sie bei 1,542 Bios DM. Anfang 1990 lagen sie bei 2,617 Bios. In 10 Jahren ein Anstieg um 70 %.
Das Bruttosozialprodukt lag 1980 bei 1,485 Bios DM. 1990 waren es etwa 2,36 Bios. In 10 Jahren ein Anstieg um knapp 60 %. Wohlgemerkt: in laufenden Preisen. Also mit Inflation, die alle Waren und damit das Sozialprodukt künstlich verteuert hat.
Klarer Sieg für die Schulden.
Entsprechend hat sich das Verhältnis Bankkredite/ Sozialprodukt verändert: 1980 lag es bei 104 Prozent. 1990 lag es bei 111 Prozent.
Das ist zwar nur ein Anstieg, den man kaum sehen kann. Aber es ist ein Trend. Denn 1970 lag das Verhältnis bei 92, 1960 bei 84.
1991 hat sich das mit den Schulden schon ganz gewaltig verändert. Denn jetzt sind die neuen Bundesländer drin in der Statistik. Das Verhältnis Bankkredite/ Sozialprodukt dürfte jetzt bei 135 liegen.
Im Jahr 2000 wird es bei 150 sein.
Was soll das ganze?

Schuldenklumpen oder: Der Druck wird immer größer

1. Wir leben in einer Welt, in der ein immer größerer Teil unserer Arbeitsanstrengungen *unter Druck* entsteht.
2. Ein immer größerer Teil unserer Arbeit wird von bestehenden Verpflichtungen absorbiert, denen wir *nicht ausweichen* können.
Dies erklärt vieles, was uns bisher rätselhaft war: Den

steigenden Streß am Arbeitsplatz; die Quengeleien in den Familien wegen Geld; den Zerfall der Familien (Scheidungen, Single-Kult); die um sich greifende Umweltvernichtung: Wir müssen immer schärfer ran an die Natur, um ihr das Letzte abzupressen, damit wir finanziell nicht von der Rolle kommen.
Das Schlimmste: Dieser Trend ist universell. Er ist in allen Staaten anzutreffen.
Nehmen wir nicht nur die Bankkredite, wie bei unserem kleinen Rechenbeispiel. Nehmen wir alle Schulden, die es in einer Volkswirtschaft gibt. Das sind die Schulden der Privaten, der Unternehmen und des Staates. Bringen wir diese Schulden in einen Zusammenhang mit dem Sozialprodukt der betreffenden Länder.
Wir sehen explodierende Verhältnisse.
Klartext: Die Lasten, die sich die Volkswirtschaften aufgehalst haben, sind immer größer geworden. Die Lage wird immer auswegloser. Immer mehr Schuldner schmieren ab, kippen weg. Können nicht mehr.
Und dann?
Dann kommt es zur Schuldenklumpung.
Was ist die »Schuldenklumpung«?
Das ist das Aufhäufen von Schulden auf die relativ stärksten Schultern. Je mehr Spieler im großen Lauf ausscheiden, beim Versuch scheitern, mit Hilfe von immer größeren Anstrengungen eine immer schneller enteilende Schuldenlast noch erträglich zu halten, um so stärker wird der Ruf nach einem, der die Schulden übernimmt.
Die Schulden der Schwachen. Der Armen. Der Ausscheidenden.

Krasse Überschuldung

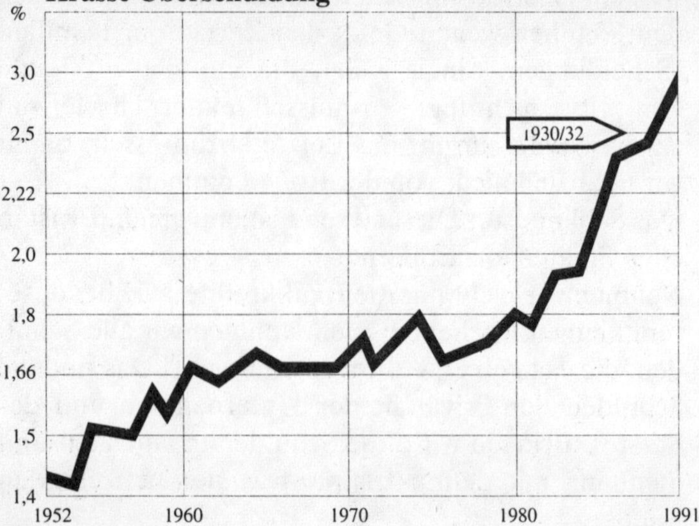

Das Verhältnis aller ausstehenden Schulden zum Sozialprodukt (jährlich) der 7 größten Industrienationen. Quelle: Fed, New York, OECD, Paris. 2,0 bedeutet: Staat, Unternehmen und Privatleute haben zusammen doppelt so viel Schulden wie das Sozialprodukt eines Jahres ausmacht. In der Krise 1930/32 war das Verhältnis auf 2,55 gestiegen. Inzwischen liegt es weit darüber, bevor überhaupt eine Rezession wie 1930/32 begonnen hat.

Dann die Schulden der Besseren, der mühsam Beladenen, der dann doch Scheiternden.
Dann die Schulden der Gutsituierten. Die Verpflichtungen der Bessergestellten. Der bisherigen Spitzenverdiener.
Zum Schluß die Schulden der ganzen Welt.
Es ist die Logik des Prozesses, in dem wir unaufhaltsam treiben, daß der Stärkste am Ende fallen wird. Er wird fallen mit der denkbar größten Last. Und er wird fallen in die denkbar tiefste Tiefe.

Dieser Stärkste wird Deutschland sein. Armes Deutschland.

Was wurde gezahlt?

Hier ein erster Überblick. Wir unterscheiden:
1. Zahlungen der Deutschen an sich selbst.
2. Zahlungen der Deutschen wegen Ex-DDR.
3. Zahlungen der Deutschen ans Ausland.
Bei allen 3 Punkten handelt es sich um unfreiwillige Zahlungen.
Wir zahlen unseren Kindern Taschengeld, der Oma legen wir einen Huni auf den Weihnachtstisch. Freiwillig.
Wir geben Geld aus in der Ex-DDR, besuchen die Wartburg, investieren in eine kleine Auto-Werkstatt in Frankfurt/Oder. Freiwillig.
Wir fahren nach Südfrankreich in Urlaub, kaufen Southern Comfort kistenweise, schlabbern eine blaulackierte Dose Kaviar. Wir besprühen uns mit Parfüms von Givenchy und Chanel. Freiwillig.
Die Zahlungen, die uns stören, sind die, die wir unfreiwillig leisten. Diese Zahlungen sind obendrein noch geheimnisvoll; wer weiß denn, wieviel die EG kostet?
Was uns die Wiedergutmachung an das jüdische Volk abgefordert hat?
Wie hoch die Stationierungskosten der langsam abrückenden ausländischen Truppen waren?
Mit wieviel wir der Weltbank unter die Arme gegriffen haben?

Für die Zahlungen nehmen wir das Jahr 1990 als Trennwand. Zunächst kommen also die Zahlungen bis dahin. Dann die Zahlungen seitdem. Der zweite Teil ist interessanter, weil er uns zeigen wird, daß unseren Politikern die Kontrolle über die Zahlungen entglitten ist. Wir sind zum Zahlmeister der Welt geworden, der nur noch weiß, daß er es ist. Der aber schon nicht mehr weiß, wieviel und wann es ihm abverlangt wird.
Die geleisteten Zahlungen sind in dicken Büchern aufgeschrieben. In den Finanzberichten des Bundes, den Statistischen Jahrbüchern, den laufenden Veröffentlichungen des Statistischen Bundesamtes »Wirtschaft und Statistik«, den Jahres- und Monatsberichten der Deutschen Bundesbank, es gibt Rechenschaftsberichte und Auskünfte der einzelnen Ministerien. Die Zahlen sind oft auf- und abgerundet. Viele Zahlen reichen nicht so weit zurück oder sind nicht für alle Jahre berechnet. Manche Zahlen sind geschätzt. Ein paarmal machte die Statistik einen Hickser, da hat sich dann die Berechnungsbasis geändert usw.
Das spielt aber keine große Rolle. Wir schreiben hier nicht wissenschaftliches Kleinklein, sondern ein Buch, das möglichst viele verstehen sollen. Wer immer erst nachgucken muß, wieviel da wo hinterm Komma steht, kriegt Augenschmerzen. Er hört auf zu lesen. Dann erfährt er nicht, wie sehr er Zahlmeister ist und sein wird. Und das wäre doch jammerschade, gell!
Falls Ihnen jemand sagt, die eine oder andere Zahl, die stimme nicht, dann sagen Sie einfach Jaja. Es kommt nicht mehr darauf an, ob es 5 oder schon

6 Minuten nach 12.00 Uhr ist. Dem Schiff, das sinkt, ist es egal, ob es bei Windstärke 10 oder Windstärke 11 den Meeresgrund aufsuchen muß.

Was wir schon bezahlt haben:

1. Das Sozialprodukt der Bundesrepublik Deutschland von 1950 bis 1990 betrug rund 42 Bios DM. Das ist die Summe *aller Güter und Dienste,* oder andersherum gerechnet, die Summe *aller Gelder,* die wir dafür verdient haben, daß wir die Güter fabriziert und die Dienste geleistet haben.
Die Rechnung ist in laufender D-Mark. Wir kümmern uns also nicht um steigende oder fallende Preise, Mieten, Kosten.
Von den 42 Bios gingen durch öffentliche Kassen im Durchschnitt 42 %. Das heißt, der Staat, der bekanntlich mit unfreiwilligen Leistungen arbeitet, hat 18 Bios abkassiert. Hinzu kommt rund eine Bio, die er uns abkassiert hat, von der er aber behauptet, sie uns eines späteren Tages zurückzugeben. Das sind die *Schulden,* die Bund, Länder und Gemeinden gemacht haben.
Soweit die Gesamtlage. Nun die Einzelheiten:
2. Die *Ausgaben* des Bundes stiegen ab 1952 von knapp 20 auf 300 Mias. Das ist in 38 Jahren eine Steigerung um das 14fache.
Die *Steuern,* die der Bund kassierte, stiegen zwischen 1950 und 1990 von 10 auf 240 Mias, auf das 24fache. Oder nehmen wir, wie bei den Ausgaben, als Aus-

gangsjahr 1952, dann sind die Steuern von 20 auf 240 Mias gestiegen, also um das 11fache.

Ganz klar: Der Bund ist nie mit seinen Steuern ausgekommen. Wie hat er dann die Ausgaben bestritten? Schauen wir in seine Bücher, wie alles für 1990, also noch ohne DDR, geplant war.

Ausgaben: 301. Einnahmen 267. Steuern 242.

Wie hat sich das der Finanzminister vorgestellt? Ihm fehlen doch echt rund 60 Mias (Ausgaben minus Steuern)?

Erster Trick: Der Bund rechnet mit sonstigen Einnahmen. Dem Bundesbankgewinn mit 7 Mias, die Ablieferung der Bundespost mit 5,7 Mias. Dazu »sonstige laufende Einnahmen«, wie der Münzgewinn in Höhe von um die 500 Mios, zurückfließende Darlehen und anderer Kleinkram. So kommt es zu den 267 Mias Einnahmen.

Den Rest deckt die Schuldenmacherei. Also Zahlungen, die später zu leisten sind, und zwar erheblich höher als heute, denn es kommen die Zinsen noch dazu.

Die interessanteste der sonstigen Einnahmen schauen wir mal genauer an: den Gewinn der Deutschen Bundesbank (Buba). Der lag in den meisten der 80er Jahre bei 10 bis 13 Mias. Wo kommt der Gewinn her?

Zweiter Trick: Die Bundesbank kauft alles mögliche an: Wertpapiere wie Bundesanleihen, Dollarguthaben, Handelswechsel. Womit bezahlt die Bundesbank diesen Ankauf?

Mit einer Gutschrift in ihren Konten, Klartext: mit Bargeld. Da nur ihr Bargeld, die Banknoten der Deutschen Bundesbank, »gesetzliches Zahlungsmit-

tel« sind, muß niemand in Deutschland Bundesanleihen, Dollar oder Wechsel als Zahlung annehmen. (Wenn er es tut, wird er diese Papiere wenig später seiner Bank einreichen, und die der Bundesbank). Alle diese Papiere nehmen also letztlich den Umweg über die Bundesbank.
Ein traumhaftes Geschäft. Denn: Die Bundesbank bezahlt mit ihren unverzinslichen Banknoten und erhält dafür verzinsliche Papiere. Die Zinsen kassiert also nicht der Banknotenbesitzer, du und ich, dem sie eigentlich zustehen würden. Sondern die bleiben bei der Buba kleben.
So macht die Bundesbank, ausgestattet mit 290 Mios Kapital und dem Monopol des gesetzlichen Zahlungsmittels jedes Jahr Mega-Profite von bis zu 13 Mias. Das entspricht einer Dividende von 4480%!
Eines Tages werden wir die Bundesbank alle Rechnungen bezahlen lassen. Wozu haben wir sie denn? Wenn die Bundesbank die Rechnungen bezahlt, gibt es Inflation. Aber welche Währung der Geschichte ist nicht durch Inflation verschwunden?

Luckenwalde oder: Sind Vorhersagen möglich?

Wer sich mit Wirtschaft auskennt, kann ein vorzüglicher Prophet sein. Denn Wirtschaft ist Ursache und Wirkung in ihrer einfachsten Form. Wenn der Ölpreis steigt, wird Benzin teurer. Gibt es Frost in Brasilien, wird Kaffee teurer.
In Luckenwalde in der Mark Brandenburg, ein paar

Kilometer südlich der Preußen-Metropole Potsdam, gründete mein Ur-Urgroßvater anno 1844 eine Hutfabrik. Steinberg & Co. Das Unternehmen, dessen 100-Jahrfeier ich noch unter donnernden Heil-Hitler-Rufen in Erinnerung habe, stellte zum Kriegsende Filze (Stiefel, Mäntel) für die wankende Wehrmacht her. Anno 1948 wurde es von den kommunistischen Machthabern aus dem Handelsregister gelöscht – eine hübsche Form der Enteignung. Inzwischen ist Steinberg & Co. ein Papier- und Pappe-Etablissement (VEB). Ich habe meinen alten Betrieb besucht.

Zunächst das Bureau. Nicht ein einziges Mal hat das Telefon geklingelt. »Ist es kaputt?« »Nein,« sagt die freundliche Genossin, »wer sollte anrufen?« »Kundschaft«, entfuhr es mir. Dann blickte ich in Augen, als hätte ich gerufen: »Axytörünski.« Kundschaft gibt es in der DDR nicht. Es gibt einen Plan, den hat man zu erfüllen, mehr recht und schlecht. Dann tranken wir das Täßchen Kaffee weiter.

Streß ist das Fremdwort schlechthin. Papier und Pappe von meinem VEB werden von einer Rampe abgefahren, wie dies in Industriebetrieben üblich ist. Aber nicht mit einem Zug (wir hatten früher Gleisanschlüsse), auch nicht mit dem LKW. Sondern mit dem Pferdefuhrwerk. »Du, Kutscher«, rufe ich. »wohin bringst du die schöne Pappe?« »Zum Bahnhof«, sagt er. »Bis wann mußt du da sein?« »Ach«, zuckt er mit den Schultern, »heute, morgen, wann ich will.«

Die Steinbergs besaßen als Fabrikherren eine Jagd. »Guten Tag, lieber Förster«, sage ich, als ich bei unserem alten Jagdhaus vorgefahren bin, »wie geht's?« »Herrlich hier draußen. Komm doch mit.

Wir gehen einen Keiler schießen.« »Du«, sage ich dem Förster, »ich muß wieder los.« »Müssen«, sagt der Förster, »was ist das?«
In der DDR herrschte keine Zeit, kein Termin, kein Druck. Für jeden war gesorgt. Keiner fiel je durch den Rost. Sozialismus = Humanismus, jawohl! Deshalb waren die Fabriken elend, die Produktivität nahe null, die Wirtschaft im Marasmus. Jetzt sollen wir Wessis helfen: Mit »Marktwirtschaft« (das Wort »Kapitalismus« wagt keiner auszusprechen); mit »Gewerbefreiheit«; mit einer »konvertiblen Währung«; mit »privatem Eigentum« - und wie die frommen Sprüche alle heißen.
Fromme Lügen! Ein sozialistisches Land läßt sich nur sanieren, indem PRESSING gemacht wird. Die Freunde müssen lernen, was Streß heißt, Zinsdruck, Terminnot, Existenzangst. Sie müssen das Gefühl kennenlernen, das sich einstellt, wenn ein Wechsel platzt, die Wohnung gekündigt wird, der Arbeitsplatz verschwindet, eine Kreditlinie zurückgezogen, ein Konkursantrag gestellt wird.
Die Ost-»Währung« (30 Milliarden im Umlauf) waren Papierschnitzel. Die Ost-»Ersparnisse« (angeblich 150 Mias) weniger wert als ein Windhauch, der um die Häuser in Ulan Bator streicht. Beides kann nur ein Tölpel »in D-Mark umtauschen« wollen – oder was sonst hinter dem Gerede von einer deutsch-deutschen »Währungs-Union« steckt. In der DDR gab es keine Ersparnisse, weil es kein Kapital gab, weil nichts produziert wurde, das – ohne Subventionen! – auf dem Weltmarkt Käufer gefunden hätte.
Sollten die Deutschen nicht bald wieder ausgenüch-

tert sein, ist die D-Mark hin, noch dazu, wenn die Ost-West-Vereinigungs-Kosten nicht durch Steuererhöhungen, sondern per Sweet Credits auf dem Kapitalmarkt genommen werden, wie jene ersten 7 Mias Quick Money, die gen Osten geflossen sind. Die deutschen Rentenwerte sind bereits in freiem Fall: Im Fluge wurde der 8 %er geboren, der 9er kam, der 10er ist nicht auszuschließen.

Wann kommt wieviel? Werden Deutsche dienstverpflichtet?

Am meisten interessiert uns beim Zahlen natürlich der Zeitpunkt und die Summe.
Der Zeitpunkt werden die 90er Jahre sein. So spätestens ab Mitte.
Die Summe? Alles.
Wir Deutschen werden alles bezahlen. Das heißt, wir werden alles hergeben, was wir heute besitzen.
Unsere Bankguthaben. Die Sparbücher. Lebensversicherungen. Festgeld. Bundesanleihen. Schatzbriefe. Sogar unser Geld wird verschwinden. Erst wird es in einer obskuren »Euro«-Währung aufgehen. Dann wird es ganz weg sein. In 10 Jahren wird es mit Sicherheit keine Währung mehr geben, die »Mark« und »Pfennig« heißt.
Das Gold der Deutschen Bundesbank, immerhin 3500 Tonnen. Das ist dann auch woanders. Entweder es lagert in irgendeiner »supranationalen« Behörde, vielleicht in New York bei der UNO. Oder es hat sich

in alle Winde zerstreut, weil wir es verplempern mußten.
10 Tonnen als Direkt-Hilfe für Sambia. 250 Tonnen im Tausch gegen dringend benötigte Öleinfuhren. 500 Tonnen zum Ausgleich der Kriegsfolgeschäden in der Ukraine. Ich spreche vom Zweiten Weltkrieg, denn davon sind ja noch sämtliche Rechnungen offen. 100 Tonnen zum Auffüllen der Währungsreserven in Tel Aviv zur »Stabilisierung« des Shekel. Die Aussöhnung mit dem jüdischen Volk muß ja endlich zu einem Abschluß gebracht werden. Und während da so abgeschlossen wird, sind schon wieder 100 Tonnen in Richtung Jerusalem unterwegs. Denn so ein Shekel ist eine sehr komplizierte Währung, und die läßt sich nicht so ohne weiteres stabilisieren. Das kostet, kostet, kostet.
Dann natürlich jährlich 100 Tonnen für die Sonderprägung »Gehaltszahlung an die EG-Beamten«. Wenn das Geld schon futsch ist, und nicht nur unser Geld wird hin sein, auch Gulden, Pfund, Franc und so: vergessen, verweht – dann wollen die Leute, die uns regieren, natürlich nicht wieder irgendwelche Papierfetzen in die Hand gedrückt bekommen. Die Herrschenden und ihre Lakaien wollen »richtiges Geld« sehen. Das werden die Euro-Gold-Münzen sein, mit denen die Eurokratie bezahlt wird. Die Super-Mega-Ober-Regierung, die uns Ende der 90er Jahre spätestens regieren wird.
Ende der 90er Jahre werden wir nichts mehr haben. Gar nichts mehr.
Dann aber geht das mit dem Arbeiten los.
Mit dem Arbeiten?

Na klar doch. Die Deutschen sind nicht umsonst als fleißiges Volk bekannt. Vielleicht sind sie sogar noch immer die Fleißigsten der Welt, wenn man den »geronnenen Fleiß« dazurechnet. Darunter verstehen wir Maschinen und Fabriken, die uns diesen einmaligen Produktivitäts-Vorsprung verschafft haben. Nicht umsonst sind die Deutschen doch die Export-Nation Nummer 1 – weit vor den Japanern.
Ich glaube, daß die Deutschen so fleißig sind, so tierisch fleißig, das hat psychologische Ursachen. Weil wir eben den Krieg ... und die Juden ... und all das Schreckliche ... Weil wir uns an Welt und Menschheit versündigt haben. Wir haben einen inneren Drang zur Wiedergutmachung.
Viele im Westen der Bundesrepublik sind fest davon überzeugt, daß die Übernahme der DDR eine jener Prüfungen ist, mit der uns der liebe Gott für die Greuel bestrafen will, die wir angerichtet haben.
Wir wollen endlich die Musterkinder der Welt werden. Ganz lieb sein. Es allen zeigen, wie artig wir sein können. Es geht uns wie dem kleinen Buben, der sein Schwesterchen vom Balkon gestoßen hat. Daraufhin müssen die Eltern furchtbar weinen, und alles ist voll Trauer und Schmerz.
Und der kleine Junge beschließt, hinfort nur noch ein Musterkind zu sein. Das beschließt er nicht. Er steht einfach unter Schock. Und die Eltern sagen es ihm jeden Tag. Und er wiederholt es jeden Tag:
»Du bist schuld. Du bist der Schlimmste. Du hast das Schreckliche getan.«
»Ja, ich bin der Schlimmste. Ja, ich habe es getan. Ich sage immer wieder, ich bin das gräßlichste Monster

auf Erden, weil ich mein Schwesterchen vom Balkon gestoßen habe. Und jetzt ist es tot. Ich kann das nie wieder gutmachen. Ich kann nur versuchen, der beste und liebste und fleißigste kleine Junge zu werden, den es je auf Erden gegeben hat.«

So sind wir Deutschen. Man sagt uns, wir hätten 30 Mios Weltkriegs-Tote auf dem Gewissen. Und 6 Mios Juden. (Andere sagen uns, es seien weniger als 10 Mios Kriegstote gewesen und weniger als 2 Mios vernichtete Juden; doch was soll das? Ab dem zweiten Toten gibt es keinen Rabatt.) Alle Toten sind mit keiner Kraft der Welt wieder lebendig zu machen. Das kann nie gesühnt werden. Weil der Tod so ewig ist und jenseitig. Und alles Zahlen und Sühnen ist bloß endlich und diesseitig.

Ja, wir sind der Musterknabe geworden. Brav, lieb. »Berechenbar« nennen das die Politiker. Hans-Dietrich Genscher ist so einer. Ein braver, berechenbarer Junge inmitten braver berechenbarer Jungens.

Den braven Jungen nehmen sie dann her, wenn es soweit ist. Brav zu sein, wenn es allen gut geht, wenn die Weltkonjunktur brummt, wenn der immerwährende Aufschwung alles immer höher trägt – das ist keine Kunst.

Nein, du feiner Musterknabe – deine Stunde kommt, wenn es allen dreckig geht. Wenn die große Bereinigungskrise startet, die Mega-Depression, die wahre Weltwirtschaftskrise der 90er Jahre. Dann bist du dran, mein Freundchen.

Nicht allein mit dem Zahlen. Denn dann hast du selbst ja nichts mehr. In der Großen Depression verschwindet alles, was du hast.

Dein »Reichtum« ist dann weg, dein »Wohlstand«. Denn dein Reichtum, dein Wohlstand, was war denn das schon groß? Das waren Kontenauszüge, gedruckt auf Computer-Papier. Nun ist aber die Papierfabrik geschlossen und die Monitore bleiben dunkel. Computer? Gelöscht.

Es ist überhaupt das achte Weltwunder: Daß Menschen ihr ganzes Geld, alles, was sie haben, die Summe ihres arbeitsamen Lebens einem Stück Papier anvertrauen, einem Bildschirm, einer Maschine, die in irgendeinem Keller steht, den sie nicht kennen.

Was die Menschen vererben wollten, vor allem, was ihnen in schlechten Zeiten helfen sollte, diese schlechten Zeiten zu meistern, daß sie zufrieden sind, wenn das alles auf einem Stück Papier steht. Wo doch schlechte Zeiten dadurch definiert sind, daß dann jedes Papier nur ein Fetzen ist, der zerrissen wird. Daß gerade dann die Zahlen durchgestrichen werden. Was sollen denn sonst »schlechte Zeiten« sein, wenn nicht so was? Aber du bist dann noch da. Du und deine Arbeitskraft.

Dann beginnt etwas, das wir uns nicht im Traum vorstellen können, heute. Dann beginnt, was in der Geschichte als Leibeigenschaft, als Hand- und Spanndienste, als Arbeit für andere, als Sklaverei bekannt ist. Dann kommt die Stunde, da die Deutschen wirklich drangenommen werden. Für die große, die offene Rechnung. Der Zweite Weltkrieg, die 6 Mios vergasten Juden. Das wird unsere große Urschuld sein.

Bei einer so großen Schuld, da lauert eine sehr große Zahlung.

Auf der wird die Welt herumtrampeln. Und uns

einsetzen. Unsere Arbeitskraft. Unseren Fleiß, unser Know-how. Alles müssen wir hergeben.
Wir werden die Straßen in Schlesien teeren und den Staudamm in Moçambique flicken. Deutsche Arbeiter findest du dann in Mexiko, wo sie Luftfilter reinigen, und in Afghanistan, wo sie Hirsefelder berieseln. Deutsche Arbeiter und Ingenieure, die nichts für ihre Arbeit bekommen. Nichts außer einer Handvoll Reis oder dem Äquivalent von 1500 Kalorien am Tag. Und ein Plätzchen zum Schlafen.
Die Prüfung DDR – das war der erste Streich des Schicksals. Darüber gleich mehr. Nur merken Sie sich schon heute: Bis tief ins nächste Jahrhundert hinein werden die Deutschen für die anderen mitarbeiten.
Die armen Deutschen.

Bonn erwartet privaten Schuldenerlaß für Polen

Exporteure und Banken sollen auf einen Teil ihrer Forderungen verzichten / Pläne des Finanzministeriums

K.B. BONN, 22. April. Zum ersten Mal sollen jetzt auch Exporteure und Banken bei einer Umschuldung staatlich verbürg- ·er Exportkredite auf einen Teil ihrer For- ·erungen verzichten. Das Bu· ·nisterium erwartet Banken, wie· ·al auf 5 ·hten,

ten im Pariser Club und Warschau (F.A.Z. vom 22. April) im Herbst abgeschlossen werden können.

Die Schulden Polens aus Exportkredi- ·· durch Hermes abgesichert sind, ·nüber der Bundesre- ·· für den

„Optionen-Menü", wie es im Pariser Club heißt, soll für Polen eine wesentliche Hilfe beim Übergang von der früheren Kommandowirtschaft auf eine soziale Marktwirtschaft sein. Das jetzt vereinbarte Umschuldungspaket bedeutet zusammengefaßt einen Schuldenerlaß von 50 Prozent des Gegenwartswertes.

··eser Vereinbarung hatte die Bun- ··angenen No- ··

Bonn stellt weitere 17,6 Milliarden Mark bereit

Waigel leitet Ministerien den Entwurf eines dritten Nachtragshaushalts zu / Netto-Kreditaufnahme jetzt 67 M

Kg. BONN, 27. September. Die Bundesregierung stellt für das Gebiet der bisherigen DDR im laufenden Jahr weitere 17,6 Milliarden Mark zur Verfügung und gleicht Steuermindereinnahmen von etwa sieben Milliarden Mark aus. Dies sieht der Entwurf eines dritten Nachtragshaushalts 1990 vor, den Bundesfinanzminister Waigel am Donnerstag den Ministerien zugeleitet hat und über den an diesem Freitag ·e Bundesregi··

Mit dem Nachtragshaushalt werden die bisherigen Etats des Bundes und der DDR zusammengeführt, aber in einen Teil A für die Bundesrepublik und einen Teil B für die bisherige DDR gegliedert. Das Gesamtvolumen der beiden Teilhaushalte erhöht sich mit dem neue·· um 20 Milliarden M·· Mark. Dav·· Teil··

gesamtstaatliche Defizit wird unte· ziehung der Länder, Gemeinde Fonds „Deutsche Einheit", der Tre· anstalt und der Sozialversicherung a· Milliarden Mark veranschlagt.

Mit dem Nachtragshaushalt wird ··anzierung des Bundes und de· Bundesländer so bedeuts in den ersten Monat· ·s gesichert. Der H· ·'s bis Ende Apri· ·dahin hat sic· ·ltsordnun·

WELT am SONNTAG

3. März 1991 · Nr. 9 / H · 3,– DM — SONNTAGSZEITUNG FÜR DEUTSCHLAND

Genscher nach Rückkehr aus Washington zuversichtlich über US-deutsches Verhältnis

Präsident Bush lobt Zahlungsmoral Deutschlands im Golfkrieg

Sch·/H.V. Bonn

Mit dem Ende des Golfkriegs haben sich nach Darstellung Bonner Politiker die Wolken über dem deutsch-amerikanischen Verhältnis wieder verzogen. US-Präsident Bush würdigte am Wochenende vor Journalisten die deutsche Zahlungsmoral im Golfkrieg. CDU-Generalsekretär Volker Rühe ließ allerdings keinen Zweifel, daß die USA künftig vom vereinten Deutschland die Übernahme größerer weltpolitischer Verantwortung erwarten.

US-Präsident Bush erklärte Freitag abend auf die Frage, was Deutschland und Japan jetzt tun könnten: „Ihre bereits eingegangenen Verpflichtungen erfüllen." Mir ist gesagt worden, daß die Deutschen schon einen beträchtlichen Teil ihrer Zusagen, fast 50 Prozent, eingelöst haben.

Ich wurde zudem schlicht sagen daß Japan und Deutschland Verfassungszwänge haben das amerikanische Volk mag dar verstehen oder nicht ·. die sie daran hinderten, sich in den Kampf im Golf an der Koali·tion zu beteiligen. Aber ich habe versucht, dem amerikanische· Volk klarzumachen, daß bei· vorgetreten sind und angebo· haben, ihren Teil der Verantw· tung mit beträchtlichen ·summen zu tragen."

Der Bonner CDU-K· ·amtsminister Rudolf ·dankte Bush am Sams· „klaren Worte", mit de· die deutsche Unters· die Aktion der Vol· ·schaft gewürdigt habe ·te gegenüber WELT am ·· TAG „Die USA können sich ·· die Deutschen und die Bundes·

● Fortsetzung Seite 3, Spalte 1

··ht eingerechnet. Davon würden ··n die USA 8,25 Milliarden Mark ··t, erläuterte ein Ministeriumssprecher. Den neuen Dollarkurs eingerechnet, ··ßten die USA also umgerechnet 8,55 ··illiarden Mark erhalten. Im Haushalt ·991 sind 11,5 Milliarden Mark des Golf·kriegsbeitrags angesetzt.

Japan besteht im Gegensatz zu Deutschland wegen des Dollarhöhenflugs darauf, ·einen Kriegskostenbeitrag in der Landes·währung Yen zu berechnen. Damit redu··rt sich die zugesagte Zahlung Japans von ··n Milliarden Dollar um eine halbe Milli··e Dollar. Japans Ministerpräsident To··ki Kaifu erklärte, der Beitrag zu den ··riegskosten sei in japanischer Währung ··reinbart und bislang auch in Yen ausge··ahlt worden.

Nach einem rund halbstündigen Gespräch im Weißen Haus in Washington sagte Finanzminister Waigel am Dienstag abend, Präsident Bu·· ··ei zu erwarten deut··verluste ··zt werden.

··· sagte, er habe mit Brady nicht darüber gesprochen, was mit einem möglichen Überschuß der zugesagten Beiträge über die Kosten geschehen würde.

Wichtiger Teil seines kurzfristigen Washington-Besuches sei es, so sagte der Bonner Finanzminister vor der Presse in Washington weiter, in den USA darzulegen, welche Leistungen Deutschland insgesamt und im westlichen Interesse bei der weltweiten internationalen Lastenverteilung erbringe. Waigel nannte die Hilfen für die Golfstaaten, Polen, andere osteuropäische Staaten, für die UdSSR und für den Wiederaufbau Ostdeutschlands. In den USA sind nach seinem Eindruck diese Leistungen Bonns zu wenig bekannt. Er regte an, das „global burdensharing" (weltweite Verteilung der Lasten) zu einem Thema des nächsten Wirtschaftsgipfels der sieben großen westlichen Industrienationen im Juli ·· ·· ··h glaube, daß Deutschland sogar um 13 · Industrie um 19 Pro··der Bundesfi·· Vorjahreswert.

Wellershoff: Künftig auch Wehrpflichtig bei UNO-Einsätz

ws. Bonn ·Inspekteur der ··al Dieter

der Gesellschaft Bundeswehr ei· stark in den Hin· ten.·

Wellershoff be· ··ßen Inve· ··en der ··

Soforthilfen für DDR-Betriebe beschlossen

Vereinbarungen über Investitionszulagen und Übergangsfinanzierungen

K.B. BONN, 16. Mai. Durch Koalitionsvereinbarungen sieht Bundeswirtschaftsminister Helmut Haussmann jetzt die Voraussetzugnen für Soforthilfen zur Umstrukturierung der Industrie in der DDR geschaffen. Haussmann hat am ·ittwoch gesagt, es sei in der Koalition ··lossene Sache, daß der DDR-Regie··werde, ··e

gen, teilt Haussmann im Prinzip. Zunächst seien aber nur Investitionszulagen hilfreich. Übergangsfinanzierungen begründet der Wirtschaftsminister auch als Atempause, bis die Vermögenswerte der Treuanstalt zur Umstrukturierung von Kombinaten für Investitionen mobilisiert werden. Haus· mann will möglichst bald mit der DD· Regierung darüber verhandeln, da· Treuhandanstalt von einer verwalte· ·einer wirtschaftlich aktiven ·die Unternehmen ··

Ortega, Saddam und die Schuldenkrise

*»Allein, wenn die Stunde da ist
und der wahre Stoff,
so geht die Ansteckung mit elektrischer Schnelle
über Hunderte von Meilen
und über Bevölkerungen der verschiedensten Art,
die einander sonst kaum kennen.«*

Jacob Burckhardt (1818–1897)

Interpretation aktueller Vorfälle mit Hilfe eines toten spanischen Philosophen

Der spanische Philosoph **Ortega y Gasset** veröffentlichte 1942 ein Buch über das »Wesen geschichtlicher Krisen«. Er beginnt ein Kapitel seines Werkes mit dem Satz: »Wie der Albatros als Vorbote des Sturms, so taucht der Mensch der Tat stets am Horizont auf, wenn eine neue Krise anbricht.«

Was sind Tatmenschen? Wen hat Ortega y Gasset gemeint? Wo sind sie heute, da möglicherweise die große Weltschuldenkrise startet? Große Täter kennt die Geschichte en masse. Sie gelten häufig als Unholde und Verbrecher. Ihr Verhalten erscheint rätselhaft – doch nur für den, der die Zeichen der Zeit nicht zu deuten vermag. Ihre Namen: Diktator, Imperator, Strongman, Führer usw. Sie treten in Erscheinung, sobald sich eine Krise klumpt. Jede historische Krise hat eine finanzielle Wurzel. Geht es allen gut, ist kein Raum für eine Krise.

Europas Massenblätter »Daily Mail« und »Bild« haben **Saddam Hussein** als »Hitler II.«, »Irren« und »Metzger« tituliert, als Inkarnation eines verspäteteten, schlechten Scherzes, den sich das in Rundum-Harmonie zu Ende gehende Jahrhundert leistet. Ist die Causa Saddam bloß ein Betriebsunfall, ein Rückfall in überwundene Angriffskriegs-Szenarien, ein abgeschmackter Treppenwitz der Weltgeschichte?

Oder ist Saddam ein Albatros, Vorbote einer sich seit langem abzeichnenden, großen historischen Krise?

Ortega y Gasset lehrt die *ewige Wiederkehr von Krisen.* In ihnen »wiederholt sich« vor allem »das

Phänomen der Rebarbarisierung.« Ortega y Gasset nennt als Prototypen des Barbaren den päpstlichen Condottiere **Cesare Borgia,** der mitten in der – als Sternstunde des Menschengeschlechts gefeierten – Renaissance auftritt. Ortega y Gasset erklärt, daß Barbarei ohne erkennbare Ursache anhebt. Er verweist auf die Lichtgestalt des Philosophenkaisers **Marc Aurel,** der sein Jahrhundert überstrahlte und der die tiefschürfenden »Selbstbetrachtungen« verfaßt hat. Doch wenig später folgt die Barbarei der Soldatenkaiser, mit dem schon erwähnten Cäsaren namens **Caracalla,** dem mit der blonden Perücke, der seinen Bruder in den Armen der gemeinsamen Mutter erstach und der von seiner Garde erschlagen wurde, als er dazu überging, mit Hilfe sinnloser Metzeleien zu regieren.

Das Jahrhundert der Aufklärung (Voltaire, Diderot, Rousseau!) geht mit der Guillotine, den Septembermorden und den Feldzügen der Generäle **Hoche** und **Bonaparte** zu Ende, deren Art, Krieg zu führen, von den Chefs der fürstlichen Heere des »zivilisierten« Europa als »unmenschlich« und »barbarisch« gebrandmarkt wurde.

Ortega y Gasset berichtet nicht, daß all diesen Ausbrüchen roher Gewalt Verschuldungskrisen zugrunde liegen. Man muß die Krisen nur genau betrachten: Es sind die großen Zeiten der Zahlmeister, vor allem derer, die es sein müssen, aber nicht sein wollen. Der päpstliche Generalissimus Cesare Borgia wird 14 Jahre vor Luthers Thesenanschlag getötet. Luthers wichtigste Thesen betreffen den Ablaßhandel, den bekannten Versuch der Kirche also, über den Ver-

kauf von Fegefeuer-Vermeidungs-Zetteln der Pleite zu entgehen. *Deutschland wollte nicht Zahlmeister der Kurie sein.* Das war im Kern Luthers Leistung.
Mit den Soldatenkaisern am Ende des 2. Jahrhunderts beginnt die römische Antonianen-Inflation. Antoniane sind Münzen, die den Kaiser mit Strahlenkrone zeigen und deren Silber immer mehr Kupfer beigemischt wurde. Warum verschlechtern die Kaiser ihre Münzen? Weil sie bestehende Verpflichtungen (Schulden) nominell 1 zu 1 bezahlen müssen. Sie können den Gläubiger aber materiell betrügen, indem sie ihm weniger Silber aushändigen. Den Betrug deckt das Porträt des Staatschefs: Wer die Münzen mit Kaiser und Krone zurückweist, weil er den Betrug ahnt, wird mit dem Tode bestraft. Strafgrund: Majestätsbeleidigung. *So wurde die gesamte römische Bevölkerung Zahlmeister der verkommenen Cäsaren.*
Das Jahrhundert der französischen Aufklärung ist das der schwelenden Schuldenkrise des Königs von Frankreich. **Ludwig XVI.** muß nach mehrhundertjähriger Pause *die Stände, sein Steuergenehmigungs-Parlament, seine Zahlmeister, zusammenrufen, weil er pleite ist.* Die Zinsen auf die aufgelaufenen Schulden verschlingen mehr als ein Drittel des Etats. Der Staatsbankrott beendet die sinnlose Zahlmeisterei. Anschließend hebt das Morden an.

Beispiele, die Ortega y Gasset nicht kennt oder nennt:

● **Moses** läßt auf dem Zug durch den Sinai an einem Tag 3000 Juden abschlachten (2 Moses, 32, 27 f.). Es war der erste Holocaust der Geschichte, und die Juden, die der Jude Moses erschlagen läßt, waren ganz offenbar Gläubiger: Bankiers und Financiers des Zuges durch die Wüste. Sie hatten sich sehr sicher gefühlt und tanzten um das Goldene Kalb, das Sinnbild von Wohlstand und Thesaurierung, als sie ihr Schicksal ereilte – das Schicksal, das in der Geschichte noch immer alle Gläubiger ereilt.

● **Mithridates VI.**, der König von Pontus am Südostufer des Schwarzen Meers, löst im Jahre 88 vor Christus ein Schulden-Problem, indem er in einer raschen militärischen Operation die Römerstädte Kleinasiens besetzt und 80 000 Italiker niedermetzeln läßt, die sich als Bankiers, Kapitalisten und Steuerpächter angesiedelt hatten. Die Einwohner Anatoliens, die nicht mehr Zahlmeister sein wollten, feierten Mithridates als Reinkarnation des Gottes Dionysos. Von der Beute ließ er Tausende von Münzen schlagen – mit seinem hinreißenden Porträt: um den Lockenkopf schlingt sich das Königsdiadem.

● **Fernando Álvarez de Toledo, Herzog von Alba,** tritt ab 1567 in den Niederlanden auf. Finanzieller Hintergrund: der spanische König **Philipp II.,** zu dessen Reich die Niederlande zählen, braucht nach seinen Staatsbankrotten von 1557 ff. dringend Bares. Alba herrscht als Machtmensch mit Terror. Er führt die erste Umsatzsteuer der modernen Geschichte ein: 10 %, und erhebt eine 1 %ige Vermögenssteuer. Er sucht Geld, um den spanischen Verpflichtungen & Schulden Genüge zu leisten. (Steuern werden in der Geschichte immer erst eingeführt bzw. erhöht, nachdem Schulden entstanden sind; es gibt keine Steuer, die eingeführt wurde, solange die Staatsfinanzen ausgeglichen waren! Wozu auch?) Albas »Zehntelpfennig« führt zum Aufstand, den er blutig niederschlägt. 1568 kullern die Köpfe der Grafen Egmont und Hoorn übers Schafott. Alba geht als Blutsäufer in die Geschichte ein.

● **Adolf Hitler** baut sein theoretisches Gedankengebäude auf einem Überschuldungsproblem auf. Er schreibt: »Die Zinsknechtschaft muß gebrochen werden... Wir sind eine reaktionäre Partei und beweisen dies, indem wir die Juden bekämpfen und ihnen den Griff an die Gurgel legen.« Die »Brechung der Zinsknechtschaft« wird Punkt 11 des Parteiprogramms der NSDAP. Zinsknechtschaft ist in modernes Deutsch übertragen: In überschuldeter, auswegloser Lage zu leben, wobei die Schulden immer drückender werden und trotz härtester Arbeit – als Knecht – nicht verschwinden wollen. **Gottfried Feder,** der Erfinder dieser Idee, schreibt: »Unter Zinsknechtschaft ist zu verstehen die zinspflichtige Verschuldung von Staat und Volk gegenüber den überstaatlichen Geldmächten.« Die »überstaatlichen Geldmächte« hat Hitler flugs personalisiert: Es wurden die Juden. Und die wurden vernichtet. Denn wie anders sollte man wohl die Zinsknechtschaft brechen, als indem der Knecht (Schuldner) den Herrn (Gläubiger) erschlägt?
Machtmenschen, Tatmenschen. Tyrannen, Massenmörder. Sie treten in der Geschichte mit platter Regelmäßigkeit auf, sobald sich wieder eine Krise ansagt. Sie sind die Albatrosse großer Zahlmeisterei.

Zahlmeisterei als Evolutions-Phänomen. Saddam ging bloß Angeln

Darwin lehrt, daß die biologische Geschichte als »Evolution« verläuft. Langsam wird alles besser. Sozialwissenschaftler glauben an eine solche »Evolution« auch im Bereich des Menschen. Sie sagen, es gäbe so etwas wie einen »Fortschritt der Menschheit«. Davon kann aber keine Rede sein. Nach Hitlers Holocaust kamen **Pol Pot** und die Roten Khmer, und sie schlachteten Millionen Kambodschaner. Auf dem Tiananmen-Platz (»des Himmlischen Friedens«) gab es ein Massaker. **Saddam Hussein** besetzte einen Kleinstaat, drohte mit Giftgas und schoß Raketen in Wohngebiete.
In Wirklichkeit wechseln in der menschlichen Geschichte immer wieder Epochen des Elysiums mit Phasen der Barbarei. In den präbarbarischen Zeitläufen herrscht laut Ortega y Gasset »ein Übermaß von Beunruhigung«. Diese Beunruhigung ist es, so Ortega y Gasset, die »den Menschen in die Natur zurückwirft, ihn vertiert, das heißt barbarisiert.«
Was waren die 70er und 80er Jahre des 20. Jahrhunderts mit ihren Exzessen in Sachen Aufrüstung, Abrüstung, Carter/Reagan, Andropow/Gorbatschow, Dollar, Gold, Ölpreis-Explosion und Ölpreis-Kollaps, Aktien-Haussen und Börsen-Crashs – wenn nicht ein solches »Übermaß der Beunruhigung«?
Ende Juni 1990 gibt Saddam dem »Wall Street Journal« ein Interview, das erste für eine westliche Zeitung seit 6 Jahren. Politiker lesen das »Wall Street Journal« nicht, sonst hätte jede Regierung sofort

ihren Botschafter aus Bagdad zur Berichterstattung heimgeholt. Saddam war im »Journal« offen wie Hitler in »Mein Kampf«, wo bekanntlich auch schon alles stand, worüber sich dann, als es vollstreckt war, die Welt »schockiert« zeigte. Im »Journal« enttarnt sich Saddam als lupenreiner Machtmensch. Er erklärt, warum und wie er Israel vernichten wird, auch daß er die Öl- und die kuwaitische Frage in Bälde zu regeln gedenkt. Die Tresore rings um den Golf von Kuwait bis Oman hätten sich gefälligst auf die Sprengung vorzubereiten.
Wir kennen und schätzen unsere »braven« Politiker. Es sind vertraute Bonhommes westlichen Zuschnitts. Eine Reporterin fragte Saddam, was seine liebste Beschäftigung sei. Ratgeber und Dolmetscher steckten minutenlang die Köpfe zusammen und empfahlen dem Präsidenten schließlich als Antwort: »Angeln«. Saddam trat an jeder Straßenecke Bagdads überlebensgroß, unübersehbar und in Farbe auf. Ein Plakat zeigt ihn, den Finger am Abzug der Kalaschnikow, im Hintergrund greifen alle Waffengattungen an. Wie man halt so angeln geht.

Der Tresor in der Wüste

Nichts von Geschichte versteht, wer geglaubt hatte, daß die schlecht ernährten und mit 80 Mias Dollar hoffnungslos überschuldeten Iraker auf ewig friedlich neben den mit 100 Mias Dollar Aktiva gestopften Kuwaiti vegetieren würden. Zu den Irakern stießen die mittellosen Jordanier und Palästinenser, die ohne-

hin nichts mehr zu verlieren hatten, sowie die Jemeniten.
Saddam bezog sich öffentlich auf den skrupellosen Machtmenschen **Nebukadnezar.** Der eroberte 587 ante Christum Jerusalem und deportierte die Bevölkerung nach Bagdad, für Saddam war dies vermutlich ein wonniger Gedanke. Saddam weiß auch, daß **Alexander der Große,** ein ebensolcher klassischer Barbar und Machtmensch, seine wochenlangen Gelage im (heute irakischen) Babylon bestritt. Im 4. Jahrhundert vor Christus war Bagdad die Hauptstadt der Welt.
Kuwait hatte geträumt, wie die Schweiz zu sein, ein Land von höchstem Standard und mit sozialer innerer Harmonie. Der Emir hatte übersehen, daß er im Gegensatz zu seinem Vorbild keine Armee besaß, die diesen Namen verdiente. Ein Tresor muß bewacht werden, und jedes Land hat eine Armee, wenn nicht die eigene, dann eine fremde. »Am Beginn jeder Krise«, lehrt Ortega y Gasset, »steht eine Etappe des Zynismus.« War es zynisch, in klimatisierten 12-Zylindern Kaviar zu löffeln und via Satellit mit Merrill Lynch zu plaudern, während 150 Mios »unterprivilegierte« Araber auf Dattelkernen kauen mußten?
Als die Iraki einen Tag vor dem Einmarsch um einen Erlaß ihrer in Kuwait während des Krieges mit dem Iran aufgelaufenen Schulden und um neue Aufteilung der im Grenzgebiet umstrittenen Ölförderung verhandelten, ging es um lächerliche 12 Mias Dollar. Deren Zahlung hätte den Frieden bis auf weiteres gerettet.
Die Kosten für Kuwait und den Rest der Welt, die

durch die Annexion entstanden sind, betrugen 14 Tage später bereits das 27fache. Kriegsschäden in Kuwait direkt: 2 Mias; Börsenverluste an Stocks & Bonds weltweit: 280 Mias; Wohlstandseinbußen durch erhöhten Ölpreis 1990: 40 Mias; Kosten der militärischen Operationen der Anti-Irak-Front bis zum Waffenstillstand: irgendwo zwischen 40 und 50 Mias $. Im Kopfrechnen waren die Reichen schon immer schwach, wenn sie zu reich waren. Die Deutschen zahlten direkt um die 18 Mias DM, indirekt durch Wohlstandseinbußen, höheren Ölpreis, krachende Börsenkurse und steigende Zinsen zahlten sie das 10fache.

So wurde weltweit jene »Friedensdividende« verfrühstückt, die man sich durch die sowjetisch-amerikanische Détente erhofft hatte. Die Amerikaner ritten mit ihrer arabischen Expedition tiefer ins Defizit hinein. Inzwischen liegt es bei 1 Mia $ – pro Tag. Das bundesdeutsche Defizit (Bund, Länder und Gemeinden) erreicht fast 0,5 Mia DM – pro Tag.

Der Psycho-Push, den sich die Yankees mit den ersten Bomben auf Bagdad gönnten, äußerte sich in einer Aktienhausse, deren Start am 17. Januar 1991 an einen Orgasmus und nicht an geregeltes Börsengeschehen erinnerte. Mit einem Schrei aus 500 Kehlen machten sich die Broker an die Arbeit und droschen den Dow-Jones-Index innerhalb von Minuten um 100 Punkte in die Höhe. Im zweiten Halbjahr 1990 war die US-Wachstumsrate auf lächerliche 0,75 Prozent zusammengeschnurrt. Finanzminister **Nicholas Brady** sagte tapfer: »Es kommt keine Rezession.« Und niemand lachte.

War der Golfkrieg zu verhindern? In Arabien sind 5 Awacs-Flugzeuge stationiert. Der CIA war nicht aufgelöst wie der Stasi in der DDR. Es war dem Pentagon bekannt, daß Saddam ein Millionenheer mit Kriegserfahrung unter Dampf hielt, daß er Truppen an der Grenze zum fetten Kuwait zusammenzog. »For U.S., a Total Surprise«, schlagzeilte die Herald Tribune dennoch nach der Invasion. Vielleicht meldeten Bushs Späher, daß Saddam mit seinen Soldaten am Euphrat zum Angeln gehen wollte? »Unklarheit«, lehrt Ortega y Gasset, »ist ein Bestandteil jeder Krise.« Die USA, Weltpolizist, gar Weltbeschützer? Ein schwer erträglicher Gedanke.

An Saddams Absichten konnte kein Zweifel sein. Länder, denen »Realpolitik« kein Fremdwort ist, raffen sich bei eindeutiger Lage zu klarer Sprache auf, und wenn das nicht fruchtet, zu einem Ultimatum. Nichts dergleichen ist geschehen. Als US-Außenminister Baker morgens mit der Nachricht von der Besetzung des kuwaitischen Sief-Palastes aus den Federn geholt wurde, stammelte er in ein sowjetisches Mikrophon: Jetzt müsse das mit den Waffenlieferungen aber aufhören. Der Westen, Frankreich voran, hatte den Irak bestückt (Exocet-Raketen usw.). Seine Main Battle Tanks bezog Saddam von Rotchina. Für sein Giftgas sorgten die darauf seit jeher spezialisierten Deutschen. Die Rohre für seine Super-Abschußrampe, mit deren Hilfe er Tel Aviv erreichen wollte, hatte Englands Handelsminister **Nicholas Ridley** zum Export freigegeben, jener Ridley, der wegen seiner Kohl = Hitler-Vergleiche das Kabinett Thatcher verlassen mußte.

Offenbar hat die Tatsache, daß es in Osteuropa »friedliche« Revolutionen gab (das erschossene Ehepaar **Ceausescu** muß nicht als »Blutzoll« gezählt werden), den »Policy Makers« den Blick für die Realitäten getrübt. »Die Vergangenheit«, lehrt Ortega y Gasset, »ist das Schiffchen, in dem der Mensch die Reise nach der unruhigen Zukunft unternimmt.« Das Schiffchen, das die reichen Araber bestiegen, war aus dem Papier, aus dem Depotauszüge sind. Sinnvolles Navigieren war nicht zu erkennen.

»Dieses Vorgefühl der Panik ...«

Am 26. März 1990 kippte die National Commercial Bank aus Dschiddah 100 Tonnen Gold auf den Londoner Markt. Der Preis fiel wie ein Stein, um 20 Dollar pro Unze, 5% des Wertes. An diesem einen Tag vernichten die Saudis weltweit ein Vermögen in Höhe von 200 Mias Franken – Notenbankgold nicht eingerechnet. Ein arabischer Bankier wörtlich: »Wozu Gold? Es bringt keine Zinsen, und als Krisenmetall brauchen wir es nicht. Denn wir sind sicher.« Als die Araber am 23. Mai weitere 15 Tonnen verkaufen (entspricht 7% der laufenden Jahresproduktion), findet sich 2 Stunden und 26 Minuten lang kein Käufer. Der Goldmarkt ist klinisch tot. 10 Wochen später fehlt Kuwait auf der Landkarte. Gold springt in vier Tagen um 8% in die Höhe. Aus Arabien, das durchaus nicht mehr »sicher« ist, werden Panik-Käufe gemeldet.

Mangelnder Verstand der Partizipanten läßt alle

Märkte volatiler werden. Höhen und Tiefen wechseln in solcher Phase der Ortegaschen Unsicherheit blitzschnell. Am 19. Juli notiert der Dow Jones untertags bei 3020 Punkten. Weltrekord. Einen Börsentag später fällt die Herzstromkurve des Kapitalismus innerhalb von Minuten um mehr als 100 Punkte. 10 Tage später sind schon wieder über 100 Punkte weg. Minutentod. Von Saddam war damals noch keine Rede. »Diese Desorientierung«, klagt Ortega y Gasset, »dieses Vorgefühl der Panik ...«
Im Januar/Februar 1991 schießt der Dow um fast ein Viertel in die Höhe. Die Zunft der Börsen-Gurus spaltet sich: Die einen glauben an einen genuinen neuen Bull Market (**Elaine Garzarelli;** sie sagte den 87er Crash präzise voraus), die anderen an das letzte Hurra des alten Bullen-Markts **(Donald Hoppe),** die dritten denken, wir seien schon seit 1989 in der Baisse **(Richard Russell),** die vierten sehen eine Weltbaisse seit Anfang 1990 **(Roland Leuschel),** die fünften glauben an den Untergang Amerikas und predigen, der Dow falle jetzt auf 400 **(Bob Prechter).**
26. Juli 1990. Die Bank Hofmann in Zürich, weltberühmt für umsichtige Aktienprognosen: »Deutsche Aktien werden bald in neue Rekordgefilde vorstoßen.« 10 Tage später notiert die Daimler-Aktie um 200 Mark tiefer. Hat jemand Angst? Als der Dow Jones kracht, mampfen die Händler der Wall Street in stickigen Wolkenkratzer-Canyons ihren Hamburger, wie immer. Einer sagt: »Es geht rauf, es geht runter. Ewig.« Ortega y Gasset lächelt weise: »Zur Krisenzeit vernünftige Dinge predigen, heißt von vorneherein verlieren.«

Vernunft? Als Hitler 1939 Polen überfiel, stiegen die Aktien in London, Paris, an der Wall Street. »Wenn die Kanonen donnern«, hauchte der alte Baron Rothschild, »mußt du kaufen.« Als das Magazin »!Forbes« zu Beginn des Golfkrieges Aktien empfahl, füllten sich die Postkörbe mit Protestbriefen. Es sei doch wohl unerhört, mit Krieg und Tod Geschäfte zu machen, gar Rüstungsaktien zu kaufen.

Am 4. August 1990 schaltete **Hans Bernecker,** Herausgeber des größten Börsenbriefs Europas (»Die Actienbörse«) halbseitige Anzeigen. »Im 2. deutschen Wirtschaftswunder machen sie Geld!« Und: »German stocks bleiben die Nr. 1.« Bernecker verhieß: »Die deutschen Aktien sind die billigsten Papiere auf der Welt« (und könnten sich) »sogar weit mehr als verdoppeln.« Einen Börsen-Tag später hatte sich der deutsche Aktien-Index Dax von 1840 auf 1740 Punkte gesenkt, ein Stein. Der 5,5%-Verlust wurde nur noch von der Börse in Thailand übertroffen, die um 8,06% in die Tiefe ging – dort war es der größte Verlust der Börsengeschichte überhaupt. Zwei Tage später waren in Deutschland weitere 50 Dax-Punkte verloren.

Der Dollar. Bei einem Kurs von 1,56 DM war Ende 1987 Panik angesagt. Die Notenbank-Chefs telefonierten sich zwischen Weihnachten und Sylvester die Seele aus dem Leib. Dann kauften Pöhl & Co. die US-Valuta, als gelte es, den Weltuntergang zu verhindern. Anfang 1991 fiel der Dollar auf 1,45 DM – in neue Tiefen. Wen kümmert's? Als der Dollar anschließend senkrecht in die Höhe jagte, versuchten die Notenbanken verzweifelt, seinen Höhenflug zu bremsen. Sie kauften D-Mark (bei 1,54!), Yen und Schweizerfranken. Wollen die Notenbanken nun einen hohen Dollar oder einen tiefen? Was ist das für eine Bundesbank, die den Dollar bei 1,56 kauft (1987/88) und bei 1,54 verkauft (1991)?

Wir haben die Orientierung verloren

Andere Preise, Kurse. Noch mehr Wirrnis. Beispiel Öl. Bis Ende 1985 notierte es stetig über 30 Dollar. Damals erlebte die Welt Prosperität und stetig haussierende Aktienkurse. Dann fiel Öl auf 10 Dollar pro Faß. Die Hausse erlebte einen weiteren Schub. Jetzt lag Öl zwischendurch sogar bei 44 Dollar, und es hieß, der Ölpreis würge die Prosperität ab. Andere meinten, die Extragewinne der Ölmultis würden helfen, Saddam schneller zu vergessen.
Als der Irak vor 10 Jahren den Iran angriff, notierte Gold bei 750 Dollar. Ein Kriegsjahr später war Gold bei 400 Dollar. Die Welt nahm nicht Notiz. Die Welt interessierte damals nur der Dollar. Der stieg seit dem ersten Iran-Irak-Gefecht nur an, bis fast 3,50 DM erreicht waren, anderthalb Jahre später. 1990/91 kam wieder ein Krieg am Golf. Jetzt aber steigt Gold, der Dollar fällt. »Die Kompliziertheit«, weiß Ortega y Gasset, »ist eine der Hauptursachen der Krise.« Und: Immer lauter wird dann »der Wunsch nach Vereinfachung«.
Kapitalismus ist besser als Sozialismus, gewiß. Aber nach dem Sozialismus, das lehrt die Ex-DDR, das lehren Perestrojka, Polen und die Havelschen Bank-

rott-Betriebe, da funktioniert der Kapitalismus nicht. Oder bloß nicht schnell genug? Haben wir uns im Gestrüpp unserer Vielwisserei verirrt? Die Geschichte reagiert mit Wutausbruch, wenn sich keine Orientierung mehr bietet. Im 15. Jahrhundert hieß es, sagt Ortega y Gasset: »Wenn der Reichtum nicht zum Glück führt, dann die Armut. Wenn die Gelehrsamkeit nicht alles löst, dann wird die Unwissenheit das wahre Wissen sein.« Vielleicht hören wir demnächst gleiche Worte?

Ein Cannae erleben die akademischen Wirtschaftswissenschaften. »Es gibt unzählige Bücher«, schreibt die »Frankfurter Allgemeine«, »die den Übergang vom Kapitalismus zum Sozialismus beschreiben – so vor allem **Joseph Schumpeters** ›Kapitalismus, Sozialismus und Demokratie‹, doch kein Buch, das den umgekehrten Weg erklärt.«

»In Zeiten der Krise,« sagt Ortega y Gasset, »findet man sehr häufig falsche, geheuchelte Ansichten. Ganze Generationen flüchten in politische Bewegungen, die unaufrichtig sind.« Der Sozialismus war nur Heuchelei.

Wird es eine Krise geben?

Die Sowjetunion ist pleite. »Für 5 Milliarden Mark«, schreibt eine Moskauer Zeitung, »hat Gorbatschow die DDR verkauft.« 5 Mias – das war der Kredit, den Kanzler Kohl den Russen zugesagt hat, der erste Kredit. Die DDR ist wertlos. Amerika ist pleite. Die Staatsverschuldung liegt bei 3,4 Bios $. Verdreifacht in 10 Jahren. Jede Bond-Auktion ist ein Pulsbeschleuniger. Kaufen die Japaner noch einmal, kaufen sie nicht?

»Der Mensch«, schließt Ortega y Gasset sein Rondo Historico, »hört auf, an das System der Welt zu glauben, an das er bisher geglaubt hat ... **Stellen Sie sich jemand vor, der im Freien vollkommen die Orientierung verloren hat.«**
Wir sind so frei.

WIRTSCHAFT

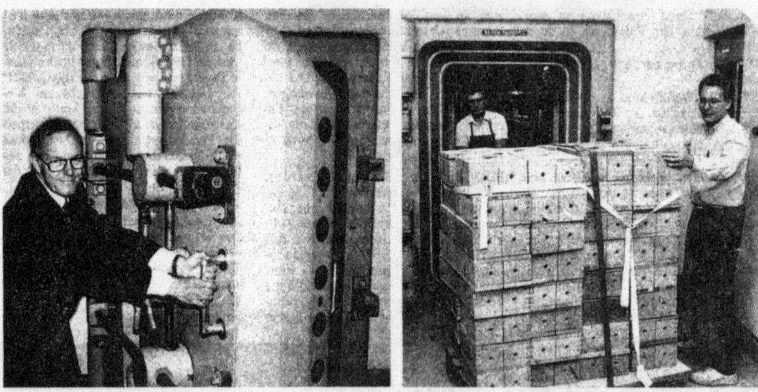

Bundesbanker Siegmund, Westgeld-Anlieferung in Ost-Berlin: Die besten Gebäude waren schon vergeben

50 Lkw-Ladungen mit D-Mark

Der Startschuß erfolgte reichlich spät, erst nach der Unterzeichnung des Staatsvertrags lief bei der Bundesbank die Operation DDR an. 25 Milliarden Mark in Scheinen und Münzen, rund 50 Lkw-Ladungen, müssen ins östliche Deutschland geschafft werden. Der Apparat der Frankfurter Notenbank ist gefordert wie nie zuvor

Breitbeinig steht der Mann vor der Schatzkammer, die Hände auf dem Rücken verschränkt. Im Gürtel-Halfter steckt eine Pistole, sie ist gela-
n.
Ali-Baba-Typ in Jeans und Turn-
bewacht Deutschlands größ
ht in Ost-Berl

Zwei Ebenen beansprucht seit kurzem die Deutsche Bundesbank. In der einen lagern nagelneue bundesdeutsche Banknoten. In der anderen, im Parterre ... derzeit
...

lich, und es gilt, sie, wenn irgen
lich, zu verhindern.
Obendrein konnten die
gen nicht geheimgehalte
damals, als sie unter
„Operation Bir

Gelb der Neid, schwarz das Geld, golden der Genschman

»If you are looking for an area
that could blow a hole in the German budget,
it would be an unemployment rate
that is much higher than expected.
That's the torpedo.«

Warren Oliver, UBS Phillips & Drew, London
Oktober 1990

Vom Wort des Zahlmeisters und der endlos geöffneten Kasse

Was sind Zahlmeister für Menschen? Ein Zahlmeister kann rechnen, zählen. Er ist angesehen und er arbeitet auf Anweisung.

»Man findet in der Welt, und sonderlich bei den Regimentern, sonderbare Diener und Beamte, die man Einnehmer, Rentmeister, Zahlmeister oder Pfennigmeister nennet«, schreiben die **Gebrüder Grimm** in ihrem Deutschen Wörterbuch zum Stichwort Zahlmeister. Da kommt das Wort zum ersten Mal vor. Zahlmeister sind »Diener«, und sie sind »sonderbar«.

Nur vom Einnehmen ist an dieser Stelle die Rede. Vom Ausgeben steht da nichts.

Dann kommt ein weiteres Zitat: »Dann wäre (den Deutschen) nötig ein Rent- oder Zahlmeister, der nur von einem guten Kredit sein darf, und mit nichts zu belästigen ist, als mit Aufsicht der Einnahme und Ausgabe.« Gewünscht wird ein Zahlmeister, der Ordnung in den Finanzen hält. Ein Mann, der die Einnahmen und Ausgaben bewacht. Jemand, dem man Vertrauen entgegenbringt. Vertrauen heißt im Lateinischen Kredit.

Der große Dichter **Friedrich Hebbel** warnt davor, daß jemand »den Zahlmeister der deutschen Nation« spiele. Das Land wisse selber am besten mit seinen Finanzen Bescheid.

Das ist auch nicht mehr nötig. Zu unserer formidablen Lage gehört, daß wir ihn selbst spielen, den Zahlmeister. Nicht für jemand oder gar für eine Nation, sondern für uns selbst. (Der gleiche Hebbel meint an einer anderen Stelle: »Ich denke, dein Rücken ist lange genug dein Zahlmeister gewesen.« Der arme Kerl ahnte ja noch gar nicht, wie lang der deutsche Rücken in den 90er Jahren des 20. Jahrhunderts noch sein würde.)

Der kluge **Arthur Schopenhauer,** Menschenkenner und Menschenverachter, sieht an einer Stelle einen »sehr unerwarteten Zahlmeister«: Es ist »niemand anders als der Egoismus.«

Ein starkes Bild. Mein Egoismus ist mein Zahlmeister. Ich zahle aus ureigenstem Interesse. Ich bezahle, weil ich es für mich will. Verkehrte Welt?

Nein, normale Welt.

Wir müssen jetzt an diesen Egoismus appellieren. An den gesunden Menschenverstand. *Wer es sich gefallen läßt, wird immer weiter und endloser zur Kasse gebeten.*

Es ist Bürgerspflicht, sich dagegen zu wehren. Um sich wehren zu können, müssen wir die Lage der Bundesrepublik Deutschland in den 90er Jahren genau analysieren.

Wir dürfen nicht einfach akzeptieren, was mit uns geschieht. Nicht einfach hinnehmen, daß es zu solch unglaublichen Summen gekommen ist, wie wir sie noch kennenlernen werden.

Oder halten Sie es für richtig, daß eine 4köpfige Familie mitten in Deutschland jeden Monat fast 4000 DM bezahlt, bloß damit es anderen Menschen in fremden Ländern gutgeht?

Widerstand ist Bürgerspflicht. Doch Widerstand setzt

Selbsterkenntnis voraus. Wir müssen fragen, wie ist die Psychologie des Zahlmeisters?
Wer Geld hat, wird geizig oder generös.
Ist er geizig, starrt er auf seine Kontenauszüge. Das war's. Der Bürger wird seine Konten anonym führen, möglichst in der Schweiz oder in Österreich. Er wird nach außen jeden Anschein des Reichtums, selbst der Wohlhabenheit vermeiden. Er fährt statt Mercedes 600 SEL nur einen alten Audi. Gelegentlich hält er sich ein Hobby, das er in der Stille ausüben kann. In Hamburg gibt es einen steinreichen Grundbesitzer, der einen klimatisierten Münzkeller sein eigen nennt. Er sammelt Münzen immer doppelt, damit er sie nicht umdrehen muß, wenn er seine Klimakammern betritt. Nach außen hin macht der Mann einen bescheidenen Eindruck, zu seinem 70. Geburtstag wurde ihm ein großer Stein geschenkt und seine Bescheidenheit gerühmt.
Der Generöse gibt gern Geld für andere, möglichst humanitäre Zwecke. Dabei existieren graduelle Unterschiede. Es gibt Generöse, die niemals bekannt geben, daß sie etwas gestiftet haben; andere, die es sich nur mit sanfter Gewalt entlocken lassen; dritte, die nach dem alten PR-Stichwort leben: »Tu Gutes und sprich drüber!« Jeder kann über diese Generösen in den Zeitungen lesen, spätestens sieht er sie in den Klatschspalten, wenn ein überdimensionierter Scheck überreicht wird.
Niemand hat was dagegen, daß die Geizigen zur Zahlung herangezogen werden. In der Schweiz und in Liechtenstein lagern 1,5 Bios fremdverwaltete Gelder. Nehmen wir an, 1 Bio davon sei schwarz, und

davon wiederum die Hälfe, also 500 Mias, gehören Deutschen.
Schwarze Konten in der Schweiz sind doch nichts besonderes, selbst der F.D.P.-Vorsitzende **Graf Lambsdorff** hat sich ihrer ausführlichst bedient, er wurde ja auch wegen Steuerhinterziehung rechtskräftig verurteilt (ein Ehrenmann!), die SPD pflegte über die DGB-Bank für Gemeinwirtschaft Basler Konten, und erst recht war die CDU dabei, mit ihren unsäglichen »Spendenwaschanlagen«.
Werden die Schwarzgelder in der Schweiz geknackt, ist dies ein Zahlungsvorgang, gegen den keiner so recht etwas einzuwenden hat. Die Betroffenen nicht, denn sie wußten ja, was sie taten, und daß ihr Tun nicht haargenau dem entsprach, was man mit »Legalität« bezeichnet. Sie werden murren, sich an den Kopf greifen, »Ich Idiot« murmeln und so. Das Volk wird jubeln, denn endlich kann es wieder mal sein Mütchen an den Reichen kühlen. Die waren ja jahrelang nicht Gegenstand der Debatte. Erst als die Finanzlage der Deutschen wegen DDR-Übernahme ausweglos wurde, kam der Spruch von einer Sondersteuer für Betuchte auf. Der berühmte »befristete« (haha) Zuschlag zur Einkommen- und Körperschaftsteuer.

Wann werden die Reichen geschlachtet?

Wie wenig Chancen »die Reichen« in Deutschland haben, geht aus der Tatsache hervor, daß es keinen zivilisierten Industriestaat gibt, in dem so hohe Steuern auf Einkommen und Vermögen erhoben wer-

den wie bei uns. Der Spitzensteuersatz der Einkommensteuer liegt mit 53 % fast doppelt so hoch wie in den USA. In England zahlen die Bestverdiener 40 %, in Frankreich, immerhin unter sozialistischer Regierung (Mitterrand), 56,8 %. Zusammen mit der Gewerbesteuer, die auch noch abgezweigt wird (Steuer auf Gewerbekapital und Gewerbeertrag), kommt ein deutscher Unternehmer, der sehr gut verdient, auf über 70% Steuerbelastung. Von 1 Mio Profit bleiben ihm vielleicht nur 250 000.
Als es mit dem Gebiet der DDR immer sichtbarer bergab ging, erklärte F.D.P.-Graf Lambsdorff auf dem Nürnberger Parteitag (September 1990): Man müsse aus der DDR ein Niedrigsteuerland machen (von Steueroase hat er nicht gesprochen). Die Gewinne sollten nur mit 40% versteuert werden. Darf gelacht werden? Wenn der gleiche Unternehmer, der in der DDR 40% vom Gewinn abführen muß, in anderen europäischen Armenhäusern wie Portugal, Irland oder der Türkei praktisch steuerfrei bleibt, warum sollte er die DDR beglücken?
Was lernen wir daraus?
Die Reichen haben in Deutschland schlechte Karten. Was an Zahlungen ansteht, wird man in erster Linie auf sie abzuwälzen versuchen. Dabei kommen Stimmungs-Bomben hoch: Schwarzgeld, die ungeheure Vermögensmehrung in den letzten Jahren, das Zurschaustellen von Luxus (der wunderschöne Mercedes-SL kostet immerhin 150 000).
Nach Untersuchungen des Wirtschaftsmagazins !Forbes gibt es mehr als 80 Milliardäre in Deutschland. Die 400 Reichsten der Republik besitzen 313 Mias.

Das hilft zwar dem Papa kaum aufs Fahrrad. Was die Tüchtigsten der Tüchtigen ein Leben lang verdient haben – und manche Vermögen existieren schon seit Generationen (Thurn & Taxis seit dem 16. Jahrhundert, das Bankhaus Sal. Oppenheim seit dem 18. Jahrhundert) –, es würde gerade reichen, um den Moloch Bund ein Jahr lang von Januar bis September durchzufüttern. Dann stände die Nation schon wieder vor dem Nichts.

Nur bei der Revolution gegen den Kapitalismus läßt sich Geld verdienen

Mit viel Geld läßt sich viel Lärm machen. *Man stelle sich bloß vor, die Revolution hätte nicht den Sozialismus, sondern den Kapitalismus in Deutschland beseitigt.* Da würden die Ossis im Baren schwimmen. Sie könnten unsere Villen auf Mallorca beziehen, unsere Konten in den USA plündern, die Goldtresore in Zürich knacken. Herrlich!
Aber die kümmerlichen Strolche & Schweine, wie Honecker & Mielke, was hatten die denn? Der größte Aktivposten der DDR, der »Palast der Republik«, ein Asbestschrotthaufen, 400 Mios Sanierungsbedarf. Die feinsten Firmen, sämtlich Bilanzwert Null. Zeiss Jena, Robotron, von den wundersamen Autofabriken ganz zu schweigen.
Bei der Revolution, die den Sozialismus beseitigt, ist nie was zu verdienen, noch nicht mal etwas umzuverteilen. Da können höchstens ein paar Bonzen und Sinekuren-Schieber durch Entzug von Dienst-Limousi-

nen, von Datschas und von Privilegien wie Bezug von Westanoraks bestraft werden. Der einzige Ostposten, der was gebracht hat, waren die Staatskarossen Marke Volvo Typ 264 TE, in die sich kein Mensch freiwillig reinsetzen würde. Für runde 150 Mille gingen sie an einen Freak irgendwo in Norddeutschland. Der arme Kerl, den typischen DDR-Desinfektions-Mief kriegt er nimmermehr heraus.

Ganz anders die Revolution, die sich gegen den Kapitalismus richtet. Da ist was da. Da stehen Schlösser, die vom Schloßherrn bewohnt sind und nicht von geistig Behinderten. Da gibt es funktionierende, d. h. dem Weltmarkt gewachsene Betriebe. Da kutschieren schwere Benze und die netten 12-Zylinder von BMW umher. Da gibt es Gold und Konten, auf denen Geld schlummert, das was wert ist, und nicht ein Warenbezugsschein, wie im Sozialismus, ausgestellt auf Dinge, deren Lieferzeit 15 Jahre beträgt.

Wenn's jetzt ans Zahlen geht, wird ein Hauch von umgekehrter Revolution durch die deutschen Lande huschen. Die Reichen werden gezwiebelt. Kein Volk wird reicher, wenn es seine Reichen ärmer macht. An dieser schönen Weisheit aber muß man nicht messen, was geschieht.

Wir Durchlaufposten

Wir zahlen jeden Tag. Wir kassieren jeden Tag.

Wer kassiert, verbirgt sich gern. Den wirklichen Kassierer kennt kein Mensch. Nicht das Mädel an der

Kasse kassiert. Sie nimmt nur Bares entgegen oder vergleicht die Scheckkarten-Nummer.
Benzin. Du zahlst 1,40 pro Liter. ESSO steht an der Zapfsäule. Von Esso ist das Mädel an der Kasse, wo du den Bon hinträgst. Esso kassiert. Wirklich? Esso kriegt vom Liter Benzin ungefähr 12%. Von 1,40 Mark 17 Pfennige.
Kassiert Esso? Packt es die 17 DM für 100 Liter Super in eine Truhe? Wo steht die Truhe? Wie voll ist sie schon? Esso ist doch einer dieser schmierigen Multis, die immer abkassieren, wenn der Benzinpreis steigt. Esso hat keine Truhe, sondern einen Haufen Rechnungen auf dem Tisch. Die Raffinerie muß erneuert werden, die neuen Bohrungen in der Arktis kosten jeden Tag 50 Mios $. Esso hat Arbeiter, Angestellte, Prokuristen, Direktoren. Morgens kommen deine 17 Mark rein, abends sind sie wieder verschwunden. Esso ist ein Durchlaufposten.
Alles in der Welt ist ein Durchlaufposten. Deine Frau ist ein Durchlaufposten für Haushaltsgeld. Du bist einer für Lohn & Gehalt. Der Opa ist ein Durchlaufposten für Rente.
Kein Mensch kennt sich aus. Die Multis werden in der Bild-Zeitung zur Sau gemacht, wenn sie die Preise erhöhen. Warum antworten sie nicht: Kinder, wir sind nur ein Durchlaufposten. Selbst wenn wir am Abend eines Tages 1 Mark echt übrig hätten, kämen am nächsten Tag die Aktionäre vorbei und würden höhere Dividenden fordern, und das Geld wäre weg. Selbst wenn die Aktionäre nicht kommen, würden wir das Geld nicht behalten, sondern anlegen. Dann hat es die Bank. Behält es die Bank?

Nein, die verleiht das Geld. Dann kriegt es vielleicht Shell. Weil Shell Geld von der Bank leiht, um ein neues Bohrloch zu finanzieren. Wir können doch der Bank nicht vorschreiben, wem sie unser Geld leiht. Multis und mächtig. Lach, lach. Kinder, wir finanzieren sogar die Konkurrenz, ohne es zu wissen. Hätten wir doch besser den Benzinpreis nicht erhöht, dann hätten wir der Konkurrenz nicht geholfen.
Der Staat kassiert an der Tankstelle pro Liter Benzin fast 80 Pfennige. Der Opec-Staat, aus dem das Öl kommt, aus dem Esso dein Benzin macht, kassiert irgendwo zwischen 30 und 40 Pfennig. Dann kassiert noch der Tankwart.
Regt sich jemand über den Staat auf? Den großen Tankstellen-Räuber?
Der Staat betreibt sein Inkasso geschickt. Da steht kein Häuschen neben der Zapfsäule, wo die 80 Pfennig Steuern abgeliefert werden. In der Geschichte gab es solche Häuschen. Schau doch noch mal schnell in der Bibel nach. Da ist immer die Rede vom »Zöllner«, dem letzten Dreck. Nur Jesus, der die Gehaßten liebt, kümmert sich um diese Menschen: »Als Jesus im Haus des Matthäus beim Essen war, kamen viele Zöllner und Sünder und aßen mit ihm... Wie kann euer Meister zusammen mit Zöllnern und Sündern essen? ... Er sagte: Nicht die Gesunden brauchen den Arzt, sondern die Kranken.«
Zöllner waren keine freundlichen Zollbeamten, wie sie am Grenzübergang in Basel oder Salzburg in deinen Paß schauen. Zöllner waren Steuereintreiber. Damals hat der Staat offen abkassiert. Damals wurde der Staat offen gehaßt.

Jetzt kassiert der Staat geheim. Geschickt. Die Nummer hat er echt drauf. Die Multis sind die Schweine, der Staat aber ist gerecht und gut.
Vielleicht kassierst du an der Tankstelle sogar selbst. Denn du hast Anteile an einem Investmentfonds, der Exxon-Aktien hält. Exxon ist die Muttergesellschaft von Esso. Exxon zahlt Dividende an den Fonds. Oder Zinsen für Geld, das die Menschen am Kapitalmarkt (also du) verliehen haben. Die Deka, Adig, Investa, Interrent-Fonds gekauft haben.
Wenn alles nur Durchlaufposten sind, was heißt dann »zahlen«?
Zahlen ist die *Erlegung* einer Summe, sagen die größten Meister der deutschen Sprache, die Gebrüder Grimm. Man legt etwas auf den Tisch. Was legt man? Was man schuldig ist.
Schuldig wird man nur durch eine Verpflichtung, durch eine freiwillige. Zum Beispiel einen Kaufvertrag. Du kaufst Wein, gehst essen. Die Schuld, die daraus entsteht, verschwindet durch Zahlung. Du mußt keinen Wein kaufen, mußt nicht essen gehen.
Schuldig wirst du auch, wenn du nichts dafür kannst: durch unfreiwillige Verpflichtungen. Die Regierung beschließt, die Mehrwertsteuer zu erhöhen. Du mußt kaufen, wenn nicht Wein, dann Wasser, wenn nicht ein Essen im Restaurant, dann eins zu Hause. Dabei fällt Mehrwertsteuer an.
Unser Buch behandelt nur die Zahlungen, die Sie unfreiwillig leisten müssen, leisten werden. Lassen Sie sich nicht einreden, es seien Zahlungen nur zu Ihrem Besten. Das gehört zum politischen Geschäft. Man sagt, die Steuer, die der Staat an der Tankstelle

kassiert, dient dazu, den Straßenbau zu finanzieren, und Sie wollen doch nicht in ein dunkles Loch rauschen, wenn Sie mit 200 über die Autobahn brettern. Hören Sie nicht hin, es ist eine Lüge, wie alles, was Sie hören, wenn es um Zahlungen geht, die Sie unfreiwillig leisten. Für Straßen gibt der Staat rund 8 Mias aus. An Mineralölsteuer kassiert er 35 Mias.

Ja, ja, es gibt da noch andere Staatsausgaben. Sie heißen, damit es besser klingt, »Staats*auf*gaben«. So als ob sie nur der Staat erfüllen könnte. So ganz tolle Sachen. Einen richtigen Bundespräsidenten im Amt. Wer kann das schon? Oder die Landesverteidigung. Das darf doch nicht die Mafia machen. Oder Bildung. Schulen, Universitäten, der Bau von Teilchenbeschleunigern, vom Schnellen Brüter, von Windkrafträdchen. Das ist halt eine »öffentliche Aufgabe«.

Und dabei bleibt's. Wir wollen das auch nicht vertiefen. Denn in diesem Buch geht es nicht um die unfreiwilligen Zahlungen, so blödsinnig und so schmerzhaft sie auch immer sein mögen.

Sondern es geht um zweierlei:

1. Die Tatsache, daß die unfreiwilligen Zahlungen in einem Umfang steigen werden, der uns alsbald die Tränen in die Augen treibt und wenig später die Augen aus dem Kopf.

2. Die Tatsache, daß die für die unfreiwilligen Zahlungen zuständigen Herrschaften, genannt »Politiker«, jegliche Kontrolle verloren haben.

Die Jacke ohne Revers

Hans-Dietrich Genscher ist ein lieber Kerl. Jeder wünscht ihn sich als Vater, Onkel, Schwiegersohn.
Genscher ist einer von den Politikern, die Politik als das verinnerlicht haben, was sie ist: das Ausgeben von Geldern Dritter zugunsten Vierter. Die Politik des Hans-Dietrich Genscher ist subtil gestaltet. Ihr wichtigstes Element ist die Konfliktscheu. Das macht Genscher so ungeheuer beliebt. Er bringt es fertig, die Deutschen, die jahrhundertelang mit und mitten in Konflikten leben mußten, aus allem rauszuhalten.
Der Königsweg der erfolgreichen Politik ist der Free Ride. Alles, was nichts kostet, darf es sein. 1965 wurde Genscher in den Bundestag gewählt. Im November 1966 zog die F.D.P. ihre Minister aus der Regierung zurück. Sie weigerte sich, Steuererhöhungen zuzustimmen. Genscher, der kein Ministeramt besaß, hat sich nicht verschlechtert, er blieb Parlamentarischer Geschäftsführer.
Reich war er nicht in diesen Jahren. Im Privatleben arbeitete er in einer Bremer Kanzlei, die sich mit Steuerrecht beschäftigt. Noch dazu im armen Bundesland Bremen. Kurz vor der Bundestagswahl 1969 besuchte Genscher die Redaktion der Zeitschrift »Christ und Welt« in Stuttgart. Ich war damals kleiner Redakteur und freute mich, in der Provinz einen leibhaftigen Politiker schauen zu dürfen. In »Christ und Welt« dominierte der Mitinhaber, Christdemokrat **Eugen Gerstenmaier,** ein eitler Geck, der damals als Bundestagspräsident amtierte und sich vor den sitzenden Abgeordneten mit dem Ruf avisieren ließ:

»Der Präsident!« Die Abgeordneten standen dann auf, und Gerstenmaier erschien aus der Kulisse im Cut.
Jetzt aber erschien Genscher in der Redaktion. Er trug Sandalen, in einem Strumpf war ein Loch. Seine blaue, verwaschene Freizeitjacke hatte keine Aufschläge. Er saß da und bettelte lange und dringend um gute Artikel für die F.D.P. Chefredakteur **Giselher Wirsing** sagte: »Mein lieber Genscher, wie stellen Sie sich das vor?« Genscher: »Wir sind doch auch eine bürgerliche Partei.« Wirsing: »Aber ein gewisser Linkstrend ist kaum zu übersehen.« Genscher: »Ich garantiere Ihnen eine bürgerliche Regierung.« Dann ging er. Sein Sakko ohne Aufschläge war durchgeschwitzt. 1969 schaffte die F.D.P. im Bundestag knapp die 5-%-Hürde.
Doch dann begann der Triumphzug des Hans-Dietrich Genscher, der bis heute anhalten sollte. Genscher wurde gleich Innenminister in der Regierung des Sozialisten **Willy Brandt.** Eigentlich wollte er Finanzminister werden. Das war damals ein ungeheuer verlockender Posten. Denn der letzte Finanzminister **Franz Josef Strauß** hatte den Etat mit Überschüssen abgeschlossen und Staatsschulden zurückgezahlt. Da hätte es für Genscher eine *riesige gefüllte Truhe* gegeben, mit der er hätte Segen stiften können. Der CDU-Fraktionschef **Rainer Barzel** ahnte schon, was auf die Staatsfinanzen in den kommenden sozialliberalen Jahren zukommen würde, und meinte in der ersten Rede im neuen Bundestag, es seien »geordnete Finanzen« übergeben worden. Es sollte das letzte Mal in der deutschen Geschichte sein, daß man von

»geordneten Finanzen« sprechen konnte. Wenig später hub die sozialistische Wirtschaft (West) an, die in knapp 13 Jahren eine Steigerung der Staatsschulden um das dreifache bringen sollte. Heute, da das Erbe der sozialistischen Wirtschaft (Ost) bereinigt werden muß, sind die Staatsfinanzen vollends aus dem Ruder.
Außenminister und Parteiführer war 1969 **Walter Scheel.** Um Genschers Image aufzubessern, wurde die Presse-Agentur Ferenczy eingeschaltet. Ich fuhr in dessen Auftrag mit dem Fotografen Hans Hubmann in Genschers Ferienort. Dort saß er mit seiner reizenden Frau Barbara am Pool. Seine Tochter Martina war beim Reiten, wo sie Hubmann dann ausführlich fotografieren mußte. Er sagte immer: »Sie müssen das Thema Umweltschutz groß rausstellen und was ich dazu gesagt habe.« Ich dachte mir, was für ein kluger Kerl. Wer will schon von einem Innenminister immer nur Law-and-Order-Sprüche hören.

Die Politik der Jahre nach 1969 ist ein klassisches Beispiel dafür, wie man sich beliebt macht, ohne daß die Kosten einem unmittelbar zugerechnet werden. *Es ist Politik, die »nichts kostet«,* weil sie wirklich nichts kostet oder weil ihre Kosten so elegant versteckt oder vertagt sind, daß man nur nach langem Prüfen dahinterkommt. Genscher ist ein Meister dieser Politik.

So setzt er sich für die Senkung des Wahlalters auf 18 Jahre ein. Das kostet nichts außer dem Druck einiger zusätzlicher Wahlzettel, und alle jungen Leute sind Fans.

Dann kam die berühmte »Ostpolitik«. Bei Licht besehen, war nichts auf der Welt leichter, als Ostpolitik zu

betreiben. Man mußte nur auf die Gebiete östlich der Oder-Neiße verzichten, versichern, in Zukunft immer lieb und artig zu sein und keine Angriffskriege und so Sachen mehr zu starten – schon war man der Darling.
Bei der Ostpolitik wurde auch ein Element sichtbar, das demokratische Politik seit jeher begleitet: Jetzt flott etwas herzugeben und dann so zu tun, als käme irgendwann »später« der unerhörte Reibach.
Die Ostpolitiker Brandt, Bahr, Scheel, Genscher & Co. verschenkten riesige Gebiete ohne jede Gegengabe. Die Bundesrepublik verzichtete auf Ost- und Westpreußen, auf Schlesien. Insgesamt handelte es sich um Gebiete im Umfang von 100 000 Quadratkilometern. Bewertet zum Preis eines normalen deutschen landwirtschaftlichen Hektars (ca. 30 000 DM), na was ist das schon?
Der Verzicht auf die »Ostgebiete« wurde aber nicht nur als »gerechte Strafe« für den verlorenen Krieg verkauft, sondern als Ouvertüre für gigantische Geschäfte. Wenn man mit dem Osten ein gutes Verhältnis entwickelt, so lautete die These, dann würden sich eines nahen Tages unerhörte Profite ergeben, Sicherung von Wohlstand, Wachstum und Arbeitsplätzen.
Inzwischen wissen wir, daß dies alles Unsinn war.
Zwar liefen die »Ostgeschäfte« tatsächlich eine Zeitlang besser. Der Ostexport schwoll mächtig an. Doch was wir an den Osten verkauften, wurde netto nie bezahlt. Insgesamt sind mehr als 100 Mias DM Ostkredite verloren. Sie müssen über kurz oder lang ausgebucht werden.

Statt Geschäfte mit dem Osten ...

Statt mit den Staaten des ehemaligen Ostblocks groß ins Geschäft zu kommen, sind wir gezwungen, sagenhafte Summen zu zahlen, damit diese Staaten nicht in Anarchie und Bürgerkrieg versinken.
Die DDR, die wir mit der Bundesrepublik vereinigt haben, kostet insgesamt mindestens 2 Bios DM. Das sind pro Ossi etwa 120 000 DM.
Für den Osten insgesamt wird eine ähnlich hohe Summe fällig werden. Wir werden uns den Zahlungen nicht entziehen können. Die Alternative, entweder die kaputte Sowjetunion ähnlich mühsam aufzubauen wie die kaputte DDR, oder in Düsseldorf, München und Hamburg Kirgisen und Krimtartaren zu sehen, wie sie raubend und plündernd durch die Straßen ziehen, ist wenig verlockend. *Wir werden die drohende Völkerwanderung aus dem Osten stoppen müssen.* Das kostet viel Geld.
Klartext: Wir werden für die Völker im Osten mitarbeiten, sie möglicherweise eines Tages miternähren müssen. Wenn wir dann selbst in der schweren, ausweglosen Krise stecken, zu der es immer kommt, wenn große historische Überschuldungsphasen in einem Finanzdesaster mit Deflation, Hyperinflation, Vertrauensverlust der Sparer, Vernichtung von angesammelten Vermögenswerten usw. enden, dann – dann werden die Völker des Ostens sich das Sozialprodukt holen, was wir ihnen vorenthalten müssen, weil wir selbst nicht mehr in einem strukturierten Gemeinwesen leben, das Sozialprodukt arbeitsteilig erzeugt.

Die Bundesrepublik ist in der unerfreulichen Lage des Römischen Reichs kurz vor dessen Ende. Damals standen an den Grenzen die Germanen-Horden. Der römische Kaiser mußte Goten, Vandalen, Langobarden, Burgundern usw. Land zur Besiedlung zuweisen, damit sie das Kernreich verschonten. Mit Land kann die dicht besiedelte Bundesrepublik nicht dienen. Schließlich mußten die römischen Kaiser Tribut bezahlen, damit die Horden nicht nach Rom und Ravenna vordrangen. Es war freilich umsonst. Not kennt kein Gebot.

Die Frage, die unbedingt gestellt werden muß, lautet: *Wäre ein Verzicht auf eine »liebe« Ostpolitik, so, wie sie vom Liberalen Genscher mitinitiiert und mitgetragen wurde, nicht billiger gewesen?*

Die Antwort lautet leider: Ja!

Ein scharfer, unerbittlicher Kurs gegen die Sowjetunion und ihre Satelliten, einschließlich eines gnadenlosen Handelsembargos, hätte die sozialistischen Staaten viel früher ruiniert und zu jener Selbstaufgabe gezwungen, die dann unter den schönen Labels »Perestrojka« oder »Wiedervereinigung« gelaufen ist.

Wohlgemerkt: Hier geht es nicht um den albernen Gebietsanspruch als solchen, um Revanchismus. Nein, es geht um richtige, d. h. *preiswerte* Politik.

Hätte die Bundesregierung nicht auf die Ostgebiete verzichtet und damit die Spannung in Europa am Kochen gehalten; hätte sie gleichzeitig strikt darauf verzichtet, auch nur eine müde Mark Kredit an die sozialistischen Staaten zu geben; hätte Bonn keinerlei Wirtschaftsgüter zum Export in den Osten freigege-

ben: dann wären die sozialistischen Staaten um mindestens 10 Jahre früher zusammengebrochen. Zusammenbrechen mußten sie so oder so, weil der Sozialismus ein Wirtschaftssystem ist, das nicht funktioniert, das nicht der Natur des Menschen gemäß ist, das also immer revolutionär beseitigt wird.
Ein früherer Zusammenbruch des Sozialismus und Übergang der Ost-Staaten zur freien Marktwirtschaft hätten uns Hunderte von Mias gespart. Die DDR wäre in ihrer wirtschaftlichen Substanz (Fabriken, Maschinen, Straßen, Fernmeldesysteme, Bahn!) noch nicht so elend heruntergewirtschaftet gewesen, wie sie es 1989/90 war, als sie von der Landkarte verschwand.
Nein, die Politik der Genscher & Co. war komplett falsch und aberwitzig teuer.
Bei Genscher schnappen wir schnell das Wieselwort. Es steckt in dem, was er als sein Lebensziel erklärte: die Schaffung der neuen »kooperativen Sicherheitsstrukturen in Europa«.
Ko-operativ ist sein Wieselwort. Ein Wieselwort saugt dem Schädel den Verstand aus, wie der kleine Räuber der Eierschale das Eigelb. Ko kommt vom lateinischen »Cum« = zusammen, gemeinsam. Operativ kommt vom lateinischen »opus« = das Werk, die Arbeit. Kooperativ heißt: zusammenarbeitend.
Klartext: Die Deutschen arbeiten, und die Penner in den sozialistischen Staaten sollten allesamt die Früchte unserer Arbeit genießen.
Andere Wieselworte des Hans-Dietrich Genscher sind: »Schicksalsgemeinschaft«. Klartext: Wir zahlen, die anderen sind kostenlos mit dabei. Und das ist halt

unser Schicksal. Oder: »Berechenbarkeit und Verläßlichkeit«. Klartext: Ein einmal gegebenes Zahlungsversprechen wird nicht hinfällig, bloß weil es irgend jemand schwant, daß es schon wieder Geld kostet. »Augenmaß«. Klartext: Wir müssen uns keine großen Gedanken machen oder gar präzise rechnen.

... haben alle sinnlos Geld verplempert. Auch Strauß

Auch der immer als Antipode der F.D.P. gefeierte **Franz Josef Strauß** gehört auf die Liste der Politiker, die uns unglaubliches Geld gekostet haben. Strauß muß besoffen gewesen sein, als er in seinem Münchner Haus mit dem DDR-Devisenschieber **Schalck-Golodkowski** den sagenhaften »Milliarden-Kredit« eingefädelt hat. Mit dem Ostkredit hat er die vor dem Staatskonkurs stehende DDR 1984 gerettet. Doch wozu? War Strauß ein Perspektivagent des Bolschewismus? Wollte er nur schlichten Unfug treiben? Strauß hat das Leben der DDR um mindestens 8 Jahre verlängert.

Der Milliardenkredit ist natürlich futsch. Er wird nicht von den armen Teufeln in Leipzig oder Rostock zurückgezahlt werden. Es ist Geld, das sich der Zahlmeister Deutschland, Klartext: die Wessis, ans Bein streicht.

»Aktive Entspannungspolitik« nannte Genscher seine Politik immer gern. Das hört sich unheimlich toll an. Man spürt förmlich, wie man sich in der warmen Wanne ausstrecken darf. Entspannt. Nichts

Schlimmes geschieht noch. Der Duft der Essenzen steigt einem wohltuend in die Nase. Aber »aktive Entspannungspolitik« war ein Etikettenschwindel. Sie war keine Politik. Jedenfalls nicht in dem Sinne, in dem Politik zu verstehen ist: als ein Sicheinsetzen für die eigenen Landsleute und nicht für irgendwelche Menschen ganz woanders.

Durch »aktive Entspannungspolitik« wurde ein menschenfressendes Monster weit über die ihm zugemessene Zeit hinaus am Leben gehalten: der Sozialismus.

Es ist halt schon ein Unterschied, ob eine Firma noch zu sanieren ist, weil noch gewisse verwertbare Aktiva vorhanden sind, oder ob sie einen masselosen Konkurs hinlegt. Die sozialistischen Länder in der ersten Hälfte der 80er Jahre hätten noch Ansätze zum Wiederaufbau gezeigt. Vor allem wären die Menschen nicht vollends in den sozialistischen Marasmus versunken, wie dies für die Bewohner der Ex-DDR so typisch ist. So erfolgte der Zusammenbruch des Sozialismus bei Masse null, eigentlich fast sub null.

Ein sozialistisches Regime am Leben zu erhalten, ist ökonomisch immer falsch. Und menschlich ein Verbrechen an jenen armen Teufeln, die unter dem Sozialismus leben müssen. *Sozialismus kann nicht reformiert werden.*

Oder andersherum gerechnet:

Wäre der Osten durch »inaktive Entspannungspolitik« oder gar »aktive Spannungspolitik« schneller zusammengebrochen, hätten wir weniger gezahlt (ungefähre Schätzungen):

1. ***Pampers-Kredite für den Ostblock:*** **45 Mias DM.**

Mindestens 45 Mias DM an bundesdeutschen Krediten hätten wir nicht vergeben, also auch nicht verloren. Diese Kredite hängen jetzt in den Büchern unserer Banken, Exporteure, der Regierung in Bonn (als Bürgschaft, Direktkredit, Übernahme von Hermesbürgschaften usw.). Diese Kredite sind Gelder, die wir nicht mehr für uns zur Verfügung haben: Statt an Polen Mias zu geben, die sinnlos verloren wurden, hätten wir in der Bundesrepublik z.B. wunderbar die Altenpflege reformieren können. Es sind Gelder, die wir sogar noch »nachsparen« müssen, weil sie in den Büchern des Staates als Kredite hängen, die unweigerlich in Form von Steuererhöhungen bzw. als Vermögensvernichtung in Form verlorener Spargelder auf uns zukommen.

2. ***Reformhaus-Tonica für den Ex-Ostblock:*** **150 Mias DM.**

150 Mias DM haben wir als Stütze gezahlt oder noch vor uns. Gelder, die bis 1995 mindestens fällig sind, um die Folgen des Zusammenbruchs des Sozialismus im sozialen Bereich »abzufedern«. Das sind beileibe keine »Investitionen« in den »Aufbau« des Ostens. Sondern es sind Unterstützungszahlungen im Namen der Menschlichkeit. Alu für die Mios, die der Sozialismus entlassen hat. Dieses Geld ist ein für allemal futsch. Davon bleibt kein Pfennig für die Zukunft.
Falls Ihnen der Unterschied zwischen Stütze und einer Investition nicht klar sein sollte: Erklären Sie es sich am Beispiel eines Mitarbeiters, der von seiner Firma entlassen wurde, weil er nicht mehr rich-

tig gucken kann. Alu ist sinnlos rausgeschmissenes Geld.
Ihm eine Brille zu kaufen, so daß er wieder an seinen Arbeitsplatz zurückkehren kann, ist eine Investition.
Von **Hans-Dietrich Genscher,** einem gelernten Rechtsanwalt, der an der Uni in Halle Jura und Volkswirtschaft (logischerweise sozialistische Volkswirtschaft) studiert hat und der sein erstes juristisches Examen in Leipzig ablegte und bis 1952 als junger Referendar im Oberlandesgerichtsbezirk in Halle tätig war, soll keiner verlangen, daß er den Unterschied zwischen Sozialismus und Kapitalismus wirklich kapiert hat. Er hatte vor allem nicht kapiert, daß der Sozialismus nie eine Chance hat, es sei denn, er wird durch die freie Marktwirtschaft gepampert.

Der weiße Elefant, der goldene Eier legt

So lieben wir alle den großen Genschman, der durch die Welt jettet und überall seine Schecks liegen läßt. Mehr als 700 Dienstreisen hat er absolviert. Das Geld, das er direkt und in persona ablud, bei opulenten Banketten oder Gesprächen mit irgendwelchen obskuren Potentaten, summiert sich auf weit über 10 Mias DM. Es ist wie bei den **Pet Shop Boys:** »I love you, you pay my rent.«
Als der Golfkrieg die Anrainer-Staaten Israel, Ägypten, Syrien, Jordanien usw. zu ruinieren drohte, konnte Genschman wieder eine Scheckverteilungsrunde fliegen. Überall legte er dreistellig ab.

Und falls man ihn gefragt hätte, warum machen Sie das, so hätte man eine sehr kluge Antwort in langen Schachtelsätzen gehört, von wegen der Verpflichtung aus der neueren deutschen Geschichte im allgemeinen, der Unmöglichkeit, sich militärisch direkt zu engagieren im besonderen, und daß das Geld bestens investiert sei, denn die Länder würden ja wieder auf die Beine kommen und sich dann dankbar der deutschen Gabe erinnern, und außerdem seien sie gute Kunden der deutschen Industrie, und so helfe das Geld wie eine indirekte Konjunkturstütze für die deutsche Wirtschaft und so.

Ephraim Kishon hat als Träger des Ordens wider den tierischen Ernst eine Laudatio auf seinen Nachfolger im erlauchten Amt gehalten. Das war Genscher. Kishon also sprach:

»Dank seiner gelungenen Mischung von Reiselust und Großzügigkeit hat Herr Genscher eine außergewöhnliche Popularität erreicht. Besonders in Afrika. Das ist auch verständlich, denn wenn ein Staat in finanzielle Schwierigkeiten gerät, erhöht man normalerweise die Steuern und steigert den Export, oder man kommt gar auf die phantastische Idee, Sparmaßnahmen zu ergreifen. In Afrika stellt man im Ministerrat heutzutage nur eine Frage: ›Wann kommt Genscher wieder?‹

So ist es kein Wunder, daß in vielen entwicklungsgierigen Staaten schon schöne Genscher-Denkmale stehen. In dem führenden Presseorgan der papuanesischen Kopfjäger nannte man Herrn Genscher nach seinem letzten Besuch den ›kleinen weißen Elefanten, der goldene Eier legt.‹«

FINANCIAL TIMES

Thursday May 17 1990

Bond issues instead of tax increases to meet cost of East German reconstruction

Bonn plans DM95bn unity fund

By David Marsh in Bonn

THE GERMAN Unity Fund, the new government-backed financing vehicle ... ing a sizeable amount of funding for German unity outside normal budgetary channels. It ... to remove any need ... credit-raising mechanisms used in West Germany after the Second World War to channel aid into economic recovery, Mr Max Streibl, the Bavarian Prime Minister, called the ... Marshall Plan" ... upper house of parliament grouping state representatives, which has a veto over tax legislation.

Under yesterday's agreement, proposals to change the share-out of tax revenues among the states and the ... allow the D-Mark to become East German currency from July 2.

The Fund's total volume, designed to cover two-thirds of the East German budget deficit up to the end of 1994, will be DM115bn. Of this, DM20bn will be paid in from budgetary savings by the central Bo...

München

Sozialreferat mißachtet Stadtratsbeschluß

60 Prozent Ausländer in Münchner Sozialwohnungen

...städtetag. „W... auch die Pflege ... DDR zukomme... leben in den Feierabend- u... men für alte und behinderte Me... der Ex-DDR. und 360000 emp... Pflegegeld für sogenannte Schwe... dürftige.

Die Koalition der Be... miert sich. Patienten. ... Kommunen erwarten ... großes Reformwerk ... denn auch der B... „daß etwas gesche...

Die Gesundh... sten Probleme ... 5,9 Milliard... Reihe prak... dürftige M... werden: e... bei Urlaub... son. Und ... gibt es we... gen. Aber ... Pflege haben ... überhaupt nic... über eine Pfleg... Vorlage für dies... die SPD.

Die Sozialdem... die Kosten für eine ... auf 6,4 Milliarden Mark. Nach ... Konzept würden die Städte und Gem... den um rund zwei Milliarden Mark er... stet, die in andere Sozialaufgaben investieren wären. Träger der Pflegeve... herung würden nach dem SPD-Kon...

Herausgegeben von ... Joachim Fest, Jürgen Jeske, Hugo ...

115 Milliarden Mark für die DDR
Kohl und die Ministerpräsidenten einig

95 Milliarden sollen auf dem Kapitalmarkt beschafft werden / Der Staatsvertrag wird am Freitag unterzeichnet

Kg. BONN, 16. Mai. Der Staatsvertrag zur deutschen Wirtschafts-, Währungs- und Sozialunion wird am Freitag nachmittag in Bonn unterzeichnet. Regierungssprecher Klein teilte am Mittwoch mit, ...anzminister der beiden deut... Waigel und Romberg, ...n Tag ihre Unterschrift ...werk setzen. An der ... Schaumburg wollten ... Kohl und DDR-Mi... ...re teilnehmen. Bei... ... abgeben. ...

die Finanzminister von Bund und Ländern verständigt hatten. Aus dem Fonds soll die DDR noch im laufenden Jahr 22 Milliarden Mark erhalten. Für 1991 ist ein Zuschuß von 35 Milliarden Mark, 1992 ... Milliarden Mark, 1993 von 20 ... und schließlich 1994 von ... vorgesehen. Die ...ungs-

Schuldenmacherei". Die Bundesregierung wolle die deutsche Einheit auf P... finanzieren. Finanzminister Waigel ve... che, die steigende Staatsverschuldung ...ßerhalb des Bundeshaushalts zu ve... ken und den Eindruck zu erweck... würde die deutsche Einheit nicht... Über den Fonds werde nur ei... Kosten für die DDR gedeck... regierung sollte statt...

WOHNUNGSWIRTSCHAFT: *Riesenverluste in Ostdeutschland*

Verheizte Milliarden

Bonns Zahlmeister sind aufs neue gefordert: Den Wohnungsunternehmen der früheren DDR droht der Konkurs.

Gemessen am Durchschnitt ihrer Branche geht es der Wohnungsbaugesellschaft Hellersdorf mbH ... nicht schlecht: Die Ausga... ...l so hoch wie die ... nur knapp ...

Viele Wohnungsbetriebe in der Ex-DDR haben diese Chance nicht. Die früheren kommunalen Wohnungsverwaltungen können insgesamt nur ein Siebtel ihrer Kosten durch Mieteinnahmen decken. Die Lücke von zuletzt 17 Mi... Ost-M...

Warum liegt Leipzig nicht in Iowa?

»Das Wunder wird sich wiederholen«

Serie der »Bild«-Zeitung im Oktober 1990

»Ich habe es immer abgelehnt, von einem Wirtschaftswunder zu sprechen. Wunder gibt es in der Wirtschaft nicht.«

Ludwig Erhard 1964

Bitterfeld und Bac

Seit dem Fall der Mauer tun wir so, als sei ein völlig abartiger Prozeß endlich seinem verdienten Ende zugeführt worden. Wie konnte es bloß jemals Sozialismus geben? War nicht jedem klar, daß Marktwirtschaft viel besser funktioniert?

Sozialismus hat es in der Geschichte sehr oft gegeben. Er war viel hartnäckiger und langwieriger als der Kapitalismus. Sozialismus ist die Regel, Kapitalismus die Ausnahme. Das ist der Lauf der Welt.

Die Erklärung ist einfach: Sozialismus steht für Gleichheit, Kapitalismus für Freiheit. *Die Menschen wollen aber lieber gleich sein als frei.* Der Neid ist eine stärkere Regung als die Freude. Die Gier besiegt Disziplin und Demut. Es ist immer einfacher, etwas zu wollen, was es schon gibt, zumal bei anderen, als sich selbst eine Welt neu einzurichten.

Beides, Kapitalismus (»Marktwirtschaft«) und Sozialismus, sind *Heilslehren.* Sie wollen dem Menschen einreden, er müsse sich nur bestimmter Verhaltensweisen befleißigen – und schon sei alles gut. Dabei wird verschwiegen, was denn das »alles« ist und vor allem: Warum es von Natur aus »nicht gut« ist. Ich habe ausführlich dargestellt, was es mit dem kapitalistisch-marktwirtschaftlichen System in Wahrheit auf sich hat – es ist nur das effizienteste System, mit dem Problem des Menschen, mit Urschulden und Kontraktschulden fertig zu werden.

Der Unterschied zwischen Sozialismus und Kapitalismus ist nicht das private Eigentum, sind nicht mehr oder weniger freie Märkte, ist nicht die Demokratie.

Der Unterschied liegt vielmehr darin: Im Kapitalismus können mehr Menschen Unternehmer werden, das heißt sie können Schulden machen, dies auf der Basis von verschuldungsfähigem privatem Eigentum. Im Kapitalismus werden die Schulden anschließend über freie Märkte reguliert.
Das kapitalistische System ist also *gnadenloser, und daher ist es so effizient.* Seine Effizienz resultiert aus der Todesangst der von Überschuldung und Scheitern täglich bedrohten Unternehmer, Manager und Familienväter. Was in der DDR der Gestank der verheizten Braunkohle von Bitterfeld, ist im freien Westen der Bac-Stift. Jedes System hat seinen unverwechselbaren Geruch.
Den idealen, das heißt vollen und brutalen Kapitalismus hat es im Westen des Vaterlandes nie gegeben. Die Gekrachten und Gescheiterten, die Sozialfälle und die Spielverderber, die sich dem Druck entzogen haben, sind nicht untergegangen, sie wurden nicht versklavt, als »Schuldknechte«, wie in früheren real existierenden Kapitalismen, sondern sie werden über staatliche Ausgleichszahlungen am Leben erhalten.
Der real existierende Kapitalismus ist ein System, das die nicht bewältigten Schulden in das Groß-Konto »Staat« bucht. Das kann aber nur so lange funktionieren, bis die Last der Staatsschulden das Gemeinwesen zerrüttet und zerstört. Alle Staaten dieser Erde sind auf diesem Wege, was vice versa nur bedeuten kann: auch der real existierende Kapitalismus der 2. Hälfte des 20. Jahrhunderts wird verschwinden, weil die Staaten, die ihm als vermeintlich unendlich bebuch-

bare Konten zur Verfügung standen, untergehen werden.
Aber alles geht streng der Reihe nach. Erst verschwindet das schwache, dann das starke System. Sparta besiegte Athen, dann kam Alexander. Rom vernichtete Hannibal, dann kamen die Germanen. Friedrich II. schlug Maria Theresia, dann kam die Schlacht von Jena und Auerstedt.

Zu viele Spitzel verdarben so allerlei

Das Kuriosum der Geschichte: Die DDR ist nicht im Krieg gegen die Bundesrepublik untergegangen. Sie ist auch nicht untergegangen, weil die Bundesdeutschen das betrieben hätten. Im Gegenteil: Wie wir gesehen haben, *haben die deutschen Politiker alles nur Menschenmögliche getan, um die DDR möglichst lange am Leben zu erhalten.*
Warum ist die DDR dann untergegangen?
Wir reden uns ein, weil der Freiheitsdrang der Bevölkerung gesiegt hat. Kurt Masur und so. Das ist eine fromme Lüge. Die DDR ist an der DDR kaputtgegangen, konkret: an dem *Neid,* den die Sozialisten zum Staatsprinzip erhoben hatten. Als der Neid in dem Jammerstaat kein Objekt mehr fand, das zu beneiden lohnte, schlug er um in Revolution.
Die DDR hatte Neid und Mißgunst geschürt und dabei, wie **Hans Noll** im »Deutschlandarchiv« (1/1991) brillant analysierte, zielstrebig auf die Ressentiments der weniger Begabten, weniger Tüchtigen gesetzt.

Der Geheimdienst wuchs ins Riesenhafte, vollgesogen mit dem Dreck aus Millionen von Nachrichtenkanälen.
Es gab massenhaft Anzeigen aus Neid und Mißgunst, die der Anzeigende als »Tat aus Überzeugung« tarnte. Unfähige und Unbegabte wurden zu Wächtern über die Begabten, Fleißigen und Tüchtigen. Noll: »Der Aufstieg der Unfähigen verprellte und vertrieb die Fähigen, am Ende kollabierte das Spitzelwesen an sich selbst.«
Aber das war noch längst nicht alles. Den Nachbarn beneiden, bloß weil er ein Westpaket erhielt? Neid auf die Privilegien der Honeckers & Mielkes? Was war das überhaupt für eine Führungsschicht, deren Datschen in der Schorfheide und an der Ostsee nicht mit dem Ferien-Komfort eines Abteilungsleiters bei Siemens konkurrieren konnten? Die Bonzen fuhren im großen Volvo, und das war es aber auch. Im Westen hatte ein mittelprächtig erfolgreicher Metzgermeister den 7er BMW vor der Tür, einen Gelände-Jeep für die Jagd, und wenns zum Ferrari F 40 nicht reichte, dann allemal den geilen roten Porsche in der Garage.
Im Innersten beneideten die Ossis schon längst nicht mehr die anderen Ossis. Wen sollte man noch anzeigen? Der Neid richtete sich auf die unverschämt wohlhabend einherstolzierenden Wessis. Doch die konnte man nicht denunzieren. Die konnte man nur konkretisieren, objektivieren, indem man sich mit ihnen vereinigte. Das ging aber nur durch Beseitigung des DDR-Staats. So hat sich der Sozialismus selbst gerichtet.

Den Ossis hilft nur Schock-Therapie. Das wundersame Beispiel AMANA

Wie schnell können die Ossis normale Menschen werden? Was muß geschehen, damit jeder ehemalige DDR-Bürger die jahrzehntelange Neid-Dressur ausschwitzt?
Eine Möglichkeit wäre eine traumatische Erfahrung. Eine ökonomische Katastrophe. Man müßte sie durch eine Entziehungskur schicken, die ähnlich tränen- und entbehrungsreich verläuft, wie das, was die Polen, Tschechen, Slowaken, die Balten, Russen und Ukrainer durchmachen oder durchmachen werden.
Es gibt ein historisches Beispiel, wo eine solche Kur angeschlagen hat. Mitten in den USA, im Staate Iowa. Das Beispiel ist lehrreich:
1855 gründeten 800 deutsche Pietisten auf 1040 Quadratkilometern Land einen kommunistischen Kleinstaat. Sie nannten ihn »Amana« (Hoffnung). Alles wurde gemeinsam benutzt, selbst das Kochgeschirr in den Gemeinschaftsküchen. Es gab keine Zeitungen und keine Dollar, genauso wie in der DDR keiner die Bildzeitung kaufen oder West-Mark besitzen durfte.
Die Arbeitsmoral war niedrig. Schon 1908 schaffte ein Amana-Maurer nur 2 Drittel der Arbeit eines Kollegen, der unter dem US-Kapitalismus arbeiten mußte.
Anfang der 30er Jahre wurden die ersten Highways durch Amana gebaut. Neidvoll sahen die Bewohner zum ersten Mal flotte Autos und den Schick der Frauen. Als wenig später die Weltwirtschaftskrise hereinbrach, war die sozialistische Idylle nicht mehr zu halten. Zahlungen für dringend erforderliche Wa-

ren von außerhalb (vergleichbar den Westwaren für die DDR) konnten nicht mehr geleistet werden. Die Gläubiger bestanden auf Vollstreckung, Amana-Land wäre unter den Hammer gekommen.
In der Nacht auf den 2. Mai 1932 beschlossen die Ältesten, Amana aufzugeben. Alles wurde als Privateigentum auf die einzelnen Einwohner aufgeteilt. Die Gemeinschaftseinrichtungen wurden in eine AG eingebracht. Jeder Einwohner erhielt eine Aktie, wer länger gearbeitet hatte pro Arbeitsjahr eine weitere. Die AG übernahm die Schulden. Danach wurde hart gearbeitet, ein Konkurs der Amana AG hätte alle ruiniert.
Plötzlich spritzte das Blut unter den Nägeln der fleißigen Arbeiter hervor, der Werktag der Frauen verstrich nicht mehr im dumpfen Brüten, sondern in hurtiger Kleinarbeit. Endergebnis: Die Amana-Aktien stiegen zwischen 1933 und 1991 von 50 auf 60 000 $ – um das 1180fache.
So etwas wäre auch ein Modell in der DDR gewesen: alle Betriebe werden in AGs verwandelt, die Belegschaft erhält die Aktien umsonst, nach Berufsjahren gestaffelt.
Haha, kommt jetzt der Einwand: Man kann doch nicht alles in eine AG verwandeln. Hoho, darf ich zurücklachen: Es gibt keine menschliche Tätigkeit, die nicht in Form von AGs betrieben worden wäre. Die Wirtschaftsgeschichte kennt Aktiengesellschaften für Friedhöfe und Eisenbahnen, für Postdienste und Telefon & Telegraph, für Straßen und Kanäle, für Kegelbahnen und Schwimmhallen, für Kinderbewahranstalten, Schulen und Universitäten, für Werf-

ten und Wasserwerke, für Elektrizitätsunternehmen und für Stadtverwaltungen.
Es zeugt von historischem Unwissen, Phantasielosigkeit und grenzenloser Überheblichkeit, die noch dazu höchst kostspielig ist, so etwas wie die Treuhandgesellschaft überhaupt initiiert zu haben. Aus *allem,* wo Ossis beschäftigt waren, hätte man am 3. Oktober 1990 Aktiengesellschaften machen müssen. Unternehmen, die denen gehören, die in ihnen arbeiten. Am 4. Oktober bereits wäre es aufwärts gegangen.
Ach ja, die Eigentumsfrage? Die Altlasten-Problematik? Die Eigentumsfrage wäre babyleicht zu lösen gewesen: Die Ansprüche ehemaliger Eigentümer würden entweder als Eventualverbindlichkeit geführt, z.B. wenn bloß das Grundstück einem gehört, der enteignet wurde, anschließend aber vom DDR-Staat eine Fabrik darauf errichtet wurde. Oder die ganze Fabrik müßte zurückgegeben werden: Dann hätte die Belegschaft ihre Aktien aushändigen oder den Eigentümer zum Tageskurs entschädigen müssen. Die Altlasten werden ebenfalls als Eventualverbindlichkeiten verbucht. Ende.
Statt Subventionen ohne Ende zu bezahlen, hätte der Bund nur auf Steuern verzichten müssen. Die 5 neuen Bundesländer – eine Steueroase wie Liechtenstein. Dazu ist es nicht gekommen, nicht einmal auf das kleine Niedrigsteuerland hat man sich verständigen können, das die F.D.P. gefordert hatte.
Der Grund für diese verbohrte und ganz abwegige Haltung: 1. Der Staat wollte alles unter Kontrolle behalten. 2. Er wollte nicht auf Staatseinnahmen

verzichten (später, wenn die neuen Länder einmal laufen). 3. Der Staat hatte Angst, daß herauskommt, wie schön und wie schnell ein Land zur Blüte kommt, in dem es überhaupt keine Steuern gibt. Dann hätten nämlich alle gefragt: Ja, warum ist denn das in der Alt-BRD nicht genauso? Und dann hätten wir alle Politiker und alle Beamten nach Hause schicken können und das ganze Deutschland wäre zu unerhörter Blüte gekommen ...

Die Sanierung

Konkret hätte man so vorgehen müssen:
Beispiel 1: Eine Gießerei, erbaut in den 70er Jahren auf dem 50 000 qm großen Gelände eines enteigneten Wessis. 500 Mitarbeiter, durchschnittliche Betriebszugehörigkeit 15 Jahre. Es werden 7500 Aktien an die Belegschaft ausgegeben. Kostenlos. Erinnerungswert: DM 1 pro Stück. Die Aktien haben jeden Tag just jenen Wert, den sie aufgrund einer im Betrieb einzurichtenden Aktientauschbörse haben. Das Grundstück wird mit einem Kurs bilanziert, der ortsüblich ist. 20 DM/qm. Auf der Passivseite der Bilanz erscheinen dann: 1. Aktienkapital DM 7500. 2. Eventualverbindlichkeit, falls sich der Wessi melden sollte: DM 1 Mio.
Meldet sich der Wessi, kriegt er 1 Mio und basta. Paßt ihm das nicht, kann er seine Mio in gleichartige Grundstücke in gleicher Lage investieren und seinen Geschäften nachgehen. Meldet er sich nicht, erledigt sich die Mio nach einer vorher festgelegten Frist (5 Jahre).

Beispiel 2: Gleiche Gießerei, aber schon in den 30er Jahren gebaut. Eine Eventualverbindlichkeit für das Grundstück gibt es nicht, aber der Wessi, falls er sich meldet, kann die ganze AG übernehmen. Die Firma arbeitet weiter, Kurs der Aktien pendelt sich nach 6 Monaten bei 175 DM ein. Dann kann der Wessi entweder die Aktien nehmen und die Mitarbeiter werden mit zusammen 1,3 Mios entschädigt. Anschließend sind sie normale Arbeiter in einem Betrieb, der ihnen nicht gehört. Oder der Wessi verzichtet auf den Betrieb und kriegt die 1,3 Mios in bar aus der Bonner Kasse.
Jedenfalls wäre mit einem solchen Modell dreierlei gewonnen: 1. Sofortige Rechtssicherheit, alle könnten fest anpacken, ohne auf irgendwas oder wen warten zu müssen. 2. Alle Betriebe bewertet der Markt (die Betriebsbörse) und nicht irgendein Hohlkopf in der fernen Hauptstadt bei der Treuhandanstalt. 3. Es gäbe keinerlei Streitigkeiten, von wegen: Das ist der Betrieb wert und das nicht. Selbst Daimler-Benz ist nur genau das wert, was jeden Tag an der Börse ermittelt wird. Auch für Daimler-Benz gilt: Zahl der ausgegebenen Aktien mal Tageskurs = das war's!
Nun waren die Deutschen in der BRD dümmer als die Deutschen in Iowa und haben sich auf das qualvolle Gezerre mit der Treuhandanstalt eingelassen. Neid, Mißgunst, Ressentiments werden nicht durch eigene Leistung ausgefegt, sondern müssen in langsamen Lehr- und Lernprozessen abgebaut werden. Für die Ossis ist es kein Learning by doing, sondern ein Learning by getting & letting und für die Wessis ist es

ein Learning by paying. *Des Zahlmeisters größte Stunde.*

Die Heilung im Kopf

Der Kölner Staatsrechtler **Martin Kriele** hat in Heft 102 des Kursbuches von den verheerenden Wirkungen des Sozialismus im Geistigen und Moralischen geschrieben. Viele Menschen, die bisher für den Sozialismus aktiv waren (die zum Teil wirklich an eine Verbesserung der Welt durch den Sozialismus geglaubt hatten), würden ratlos, depressiv und inaktiv. Erst müsse die »sozialistische Faszination« endlich aus den Köpfen und Herzen verbannt sein. Aber: »Kräfte der Regeneration und der Heilung sind da, sie sind wie zarte Blumen, die sich durch ein Trümmerfeld durcharbeiten. Man kann ihr Wachstum nicht beschleunigen ... Geistige und moralische Heilungskräfte brauchen ihre Zeit.«

Nun geht es aber nicht so einfach, wie sich das anhört. Die Überwindung des Sozialismus ist möglicherweise mehr und dauert länger, als sich die Wessis dies vorstellen. Der real existierende Sozialismus auf deutschem Boden war nicht einfach nur eine Diktatur. Sondern er war ein System der existentiellen und sozialen Sicherheit, wie es auf deutschem Boden noch nie existiert hatte. Die Deutschen waren zwar unfrei, aber keiner fiel durch den Rost.

Das Kunststück, die Abkehr vom Sozialismus bei gleichzeitig aufrechterhaltener sozialer Sicherheit zu bewerkstelligen, ist logischerweise ungeheuer kostspielig. Es ist, als würde ein Einarmiger Golf spielen. Das geht zwar, wie das Beispiel des Vizepräsidenten des Deutschen Golfverbandes beweist, aber es ist mit Anstrengungen verbunden.

Sozialismus zwischen Kleopatra und Kohl

Schauen wir in die Geschichte, so finden wir an mehr Stellen Sozialismus, als uns vielleicht lieb ist. Schon von der ältesten Kultur in Mesopotamien hören wir, daß »die Wirtschaft dem Staat unterstellt war. Der größte Teil der urbaren Scholle war Krongut; die Arbeiter erhielten Zuteilungen von Getreide aus den königlichen Kornkammern. Mit der Verwaltung dieser ausgedehnten, staatlich gelenkten Wirtschaft war eine gut ausgebaute Beamtenhierarchie betraut, und über alle Lieferungen und Zuteilungen wurde genau Buch geführt.« (Encyclopedia Britannica 1960, II, 962b). Wir sehen die staatliche Plankontrollstelle von **Erich Honecker** vor uns.

Sozialismus gab es in Ägypten unter **Kleopatra:** Grund und Boden gehörten dem Staat, die Regierung hatte die Bergwerke, die Ölmühlen, die Salzgewinnung, die Herstellung von Papyrus und Textilien. Alles wurde besteuert: jeder Verkauf, jede Urkunde. Es kam zu Streiks, ähnlich den Leipziger Montagsdemonstrationen. Anno 30 vor Christus fiel das Land ans Römische Reich, das damals noch ein funktionierender Kapitalismus war, wenn er auch schon seine ersten schweren deflationären Depressionen hinter

sich hatte (50–44 v. Chr.). Es war wie 1989/90, als die DDR an die Bundesrepublik fiel.
Rom versank im Sozialismus unter Kaiser **Diokletian,** der im Jahre 301 sogar ein Edictum de pretiis herausgab, das alle Löhne und Preise regelte – ein sinnloses Unterfangen, denn gleichzeitig mit dem Sozialismus kam eine Perma-Inflation übers Land. Die Münzen, die ursprünglich aus Silber waren (wir hörten es schon), wurden immer mehr mit Kupfer versetzt, schließlich waren sie bloß noch aus Kupfer und wurden in Silbersud getaucht, um sie wie Silbermünzen aussehen zu lassen. »In jeder größeren Stadt,« schreibt Paul-Louis in »Ancient Rome at Work«, »wurde der Staat zum mächtigsten Unternehmer, der die privaten Geschäftsleute um Kopfeslänge überragte und sie durch hohe Steuern auspreßte.«
In China gab es vielfach staatssozialistische Epochen, die derzeitige ist die vierte der überlieferten Geschichte, unter Kaiser **Wu Ti** (140 bis 87 vor Christus), Kaiser **Wang Mang** (9 bis 23 nach Christus) und dem Staatsminister **Wang An-shi** (1065 bis 1085). »Der Staat«, sagte er, »sollte Handel, Industrie und Landwirtschaft gesamthaft in die Hand nehmen, um den arbeitenden Klassen zu Hilfe zu kommen und sie vor Ausbeutung durch die Reichen zu schützen.« Ulbricht und Honecker hätten es nicht besser formulieren können.
Das längste kommunistische System war das der Inka. »Jedermann«, schreiben **Will** und **Ariel Dunant** in ihren »Lehren der Geschichte«, »war Staatsangestellter und scheint diesen Zustand, der ihm Sicherheit und Nahrung gewährleistete, widerspruchslos hinge-

nommen zu haben.« Ob die DDR-Bewohner Widerspruch geäußert hätten, wenn es kein Westfernsehen und Kanzler Kohl gegeben hätte? Der Kohl für die Inka war der spanische Eroberer **Pizarro,** der 1533 das kommunistische Regime beendete. Der Unterschied zwischen Pizarro und Kohl: Der eine holte Tonnen von Gold aus dem Land, der andere eroberte einen Haufen Schrott. Pizarro stabilisierte mit seiner Eroberung das bankrotte Regime seiner allerkatholischsten spanischen Könige. Kohl trieb mit der Einnahme der DDR seine blühende Heimat in den Bankrott.

Sozialistische Staaten sollte man sich genau anschauen, bevor man sie packt. Kohl hatte einen Haufen von »Beratern« alias Universitätsprofessoren der Wirtschaftswissenschaften. Die Professoren **Herbert Giersch, Hans Willgerodt, Christian Watrin, Roland Vaubel.** Das sind alles liebe Menschen, voll Verstand und Herzensgüte. Aber es sind Lebenszeitbeamte. Wie kann ein Beamter das Wesen der freien Wirtschaft begreifen? Wie kann sich der Regierungschef, der für ein großes Land verantwortlich ist, in wirtschaftlichen Angelegenheiten von jemand beraten lassen, der selbst niemals im wirtschaftlichen Feuer gestanden hat? Auf Vorschläge der deutschen Industrie, die neuen Bundesländer zu sanieren, reagierte die Bundesregierung nicht. Konkrete Vorschläge, wie sie etwa **Ludger W. Staby,** der Chef von Reemtsma, unterbreitete, wanderten in den Papierkorb.

So ist es denn gekommen, wie es kommen mußte. Es ging abendfüllend schief.

„Wir sind die Hauptzahler"

Helmut Kohls Plan, der Westen solle dem Sowjetpräsidenten Gorbatschow sofort mit vielen Milliarden helfen, ist abgeblockt. Von seinen Partnern erhielt der Kanzler nur die Erlaubnis, selber zahlen zu dürfen. Offen bleit ob die Offerte reicht, damit Moskau bis zum Wint seine Vorbehalte gegen die deutsche Einigung aufgi'

Warum er nun schon wieder in die Sowjetunion reise, fragten Journalisten den Bundeskanzler am Mittwoch vergangener Woche auf dem Rückflug vom Weltwirtschaftsgipfel in Houston/Texas, seine letzte Moskau-Visite liege doch erst fünf Monate zurück. ... antwortet hatte, wa- ... schoben

östlichen Verbreitungsgebiet der West-Mark.

Ganz offen weil ... chef seine weniger ... ein, die er seit W... trauten diskutiert ... nächsten Jahr, ... gung, als erster

den ja durch Nato-Bündnis und EG-M... gliedschaft unnötig.

... einer deutsch-sowjetischen A... endgültig die pol...

OSTDEUTSCHLAND / Verkehrswegeplan vorgelegt

127 Mrd. DM für Straßen und Schienen notwendig

HANDELSBLATT, Mittwoch, 24.10.1990

rei BONN. Das Bundesverkehrsministerium (BMV) veranschlagt den Nachholbedarf der neuen ...ndesländer bei Verkehrswegen ...über den „Altländern" auf ... DM. Das geht aus ... ge-

zungen, die vor fünf Jahren als Pl... nungsgrundlage dienten, eine „zusä... liche erhebliche Dynamik". Da... wurde die Grenzöffnung nicht einn... berücksichtigt.

Besonders der Güterverkehr we... in den kommenden Jahren stark ...

er-
om
le-
tet
'er

z-
n
2

Vermutlich kein Geld zurück

Waigel spricht in Washington über die Kriegskosten

WASHINGTON, 26. März (dpa). Deutschland wird von den insgesamt 6,6 Milliarden Dollar, die als Bonner Beitrag den amerikanischen Kosten des Krieges ... den Irak zugesagt wurden, aller ... zurückhal...

bien, Kuweit und Japan zugesagt haben. Für den deutschen Anteil von insgesar... 6,6 Milliarden Dollar stellte Waigel k... „Unsere Zusage steht und wird ein... ten." Die letzte Rate von 1,7 Mi... Donnerstag ü...

BILD-Kommentare

Die Schecks des Herrn Genscher

Von PETER MEYER-RANKE

Amerika hat die Finanzhilfe an Jordanien eingestellt, es gibt nur noch humanitäre Unterstützung.

Auch das reiche Saudi-Arabien zahlt nicht mehr und verachtet König Hussein, den Parteigänger Saddams, als Verräter.

Aber nun will ausgerechnet unser Außenminister Genscher wieder mit dem Scheckbuch losreisen. Er hat Amman nach den bereits gezahlten 221 Millionen Mark weitere Wirtschaftshilfe zugesichert. Nur ein Kabinettsbeschluß fehlt noch, ehe wir Deutschen wieder von Genscher zur Kasse für König Hussein, Saddams Gehilfen, gebeten werden.

... deutsche Vorarbeit für ... ch dem Golfkrieg? ... n eigentlich d...

DEUTSCHE EINHEIT / Helmut Kohl: Die Zukunft Deutschlands heißt Europa

Pöhl: Den Kapitalmarkt nicht als Hauptfinanzierungsquelle nutzen

HANDELSBLATT, Montag, 1.10.1990

DÜSSELDORF. Der Neubeginn in ... neuen Bundesländern stelle ... Herausforder...

rungsmaßnahmen überzugehen. Auch DIHT-Präsident Hans Peter Stihl hält die Förderung der Investitionen in der ... durch Zuschüsse und Zulagen ... ungspolitischen Fehler. ... Ablösung dieser

steuerung festgehalten werden. ... desbankpräsident Karl Otto ... warnt vor dem Fehler, d... markt als Hauptfi... der deutsch...

J-Kurven-Effekt und der Heilige Johannes

*»Viele Amerikaner, die sich Sorgen machen
um ihr Land, fürchten, daß die Lethargie
nur durch eine dramatische Krise
überwunden werden kann.
Ich kenne bedeutende Banker in New York,
Felix Rohatyn zum Beispiel, die sagen:
Was wir wirklich brauchen,
ist ein richtiger Crash an der Wall Street,
ein finanzielles Desaster,
um jedermann wachzurütteln.
Ist das nicht verrückt?
Ja, aber die größere Gefahr liegt
in dem sanften, unmerklichen Niedergang ...
Das Problem ist: Der Verfall wird erst dann sichtbar,
wenn es zu spät ist.«*

Der amerikanische Historiker Paul Kennedy
im Gespräch mit dem »Spiegel«

Nicht einmal die Luft ist gratis

Wir sind von Verträgen umzingelt. Arbeitsvertrag, Mietvertrag, Sparvertrag, Abzahlungsvertrag, Versicherungen. Selbst wenn wir nur ein Bier kaufen, schließen wir einen Vertrag. Wenn sich der Sohn den Benz vom Papa leiht – ein Vertrag. Wenn Mutter zum Friseur geht und die blonde Strähne lila färben läßt: Vertrag. Die Reise in den Urlaub – ein Sammelvertrag (mit Kuoni, TUI oder Neckermann), dann viele kleine Einzelverträge: Kauf eines neuen Films, das »Bitte könnten Sie so freundlich sein, und uns alle mal auf einem Bild, grazie!«, die Fotos zum Entwickeln geben. Verträge, Verträge, Verträge.

Aus Verträgen entstehen Verpflichtungen, in 90% der Fälle sind es Zahlungen. Selbst, wo nichts vereinbart war, kommt oft viel Geld heraus. Zum Beispiel nach einem Schäferstündchen, dem 9 Monate später ein Kindlein folgt. Da war nicht vereinbart: »Wenn ..., dann ...« Das Gesetz tut dann so, als sei ein Vertrag zustande gekommen, auch wenn das ganze zum Schluß »Unterhaltsverpflichtung« heißt.

Auch der Schadensersatz ist nichts anderes als ein verkappter Vertrag. Irgendwie sind die beiden halt doch zusammengekommen, übereingekommen, übereinander gekommen: das Muttchen auf dem Zebrastreifen und der Lümmel, der es mit dem Manta umfuhr. Er muß dem Muttchen die neue Hüfte bezahlen – ganz so, als sei es vereinbart worden, »Wenn ich dich umnagle, Mutterl, dann ...« Der Manta-Fahrer reicht die Rechnungen natürlich an seine Versicherung weiter, auch ein Vertrag.

Aus dem meisten, was die Menschen tun, resultieren Leistungen, die anschließend zu erbringen sind. Selbst wenn ich nur einen Schluck Wasser trinke, läuft die Wasseruhr, eine Zahlung ans Wasserwerk wird fällig. *Auch die Luft, die wir atmen, ist schon lange nicht mehr umsonst.* Sie ist reiner, als sie normalerweise wäre. Normalerweise heißt: So wie es die Menschen mit ihrer Luft halten würden, wenn es nicht kluge Gesetze für den Umweltschutz gäbe. Die Hausbesitzer müssen ihre Ölheizungen kostspielig umrüsten, die E-Werke haben Riesen-Filter auf ihre Verbrennungs-Anlagen gestülpt. Autos mit Katalysator sind teurer als solche ohne.

Die Luft, so wie wir sie atmen, kostet in Deutschland mindestens 10 Mias DM im Jahr, pro Kopf (Ost und West): 125 Mark. Einen Tag Luft holen: 34 Pfennige. Die Kosten für einen Atemzug: ein viertel Hundertstel Pfennig.

Vieles im Leben sieht so aus, als sei es umsonst. Straßenbenutzung zum Beispiel. Nirgends steht ein Zollhaus, wo wir Straßengebühren entrichten müssen. Aber die Straßen werden doch bezahlt und unterhalten. Das Geld kommt aus den Steuern, die wir zahlen.

Und wer bloß auf dem Bürgersteig geht und denkt, na da darf ich doch wohl, ist auf dem Holzweg. Der Bürgersteig wird von der Stadt bezahlt. Die Stadt lebt von der Gewerbesteuer. Der Bürgersteig-Begeher benutzt gerade mal den Bürgersteig, um zum Kaufmann zu kommen. Und der zahlt die Gewerbesteuer und die erscheint (ganz klein, und ganz ver-

steckt) im Preis der Tüte Corn Flakes, die der Bürgersteig-Benutzer gerade kauft.
Kostenlos ist schon lange nichts mehr auf der Welt. *Kommt ein Mensch auf die Welt, kommt eine Zahlungsverpflichtung auf die Welt. Ein kleiner Zahlmeister.* Erst zahlen die Eltern für ihn, dann der Staat (Schule, Uni), dann er selber, dann die nächste Generation (Rente) usw. Ein Mensch kostet in Deutschland zeit seines Lebens (80 Jahre) mindestens 2,5 Mios DM. Und da darf es keine Zicken geben, von wegen Autismus, Kernphysik-Studium, 3 Ehen, 5er BMW, Bypass und Pflegefall.
Nur schlicht und schlank, ganz problemlos durchs Leben gehen, wohnen, essen, arbeiten, ausruhen: 2,5 Mios DM.
Was wäre, wenn wir die Kinder im Teich beim Klapperstorch fragen würden: »Na, Mäuschen, haste Lust auf die Erde? Zwokommafünf Mios, damit muste rechnen, kostet dich der Trip, Mäuschen!« Kein Mäuschen würde den Klapperstorch bitten, abzufliegen.
Es zählt zu den schweren Fehlern von Erziehung und Ausbildung, die Menschen nicht schon früh genug mit den gigantischen Summen zu konfrontieren, die sich mit ihrem Leben verbinden. Warum werden die Schüler bei Schulabschluß und Abitur mit Schwulst und einer Bachkantate verabschiedet? Was soll der holde Spruch vom »Ernst des Lebens, der jetzt beginnt«, wo es doch heißen müßte: »Erst 95% der Kosten deines Lebens sind bezahlt, jetzt mußt du für den Rest aufkommen. Hau rein!«

Oedipus und Guillotin

Alle Tragödien der Geschichte ereignen sich, weil die Wahrheit zu spät ans Licht gekommen ist. Beim Indianerstamm im Regenwald gibt es keine Tragödien (auch keine Geschichte). Alle wissen, was das Leben ist und was es kostet. Bloß in den »zivilisierten« Gesellschaften passiert immer wieder Unglaubliches: Versprechungen, Enttäuschung, Wut. Die Versprechung, daß das Leben umsonst sei oder jedenfalls nicht mehr kostet, als gesagt wird. Enttäuschung, wenn es dann doch rauskommt. Wut, wenn es mehr ist, als man immer schon befürchtet hatte.
Die Wut steigert sich schnell zur Raserei. Die Weltgeschichte quillt über von Beispielen. Das antike griechische Drama vom »Oedipus« beginnt mit einer solchen revolutionären Szene. Die enttäuschten Thebaner ziehen zum Palast des Chefs und wollen wissen, warum es ihnen so schlecht geht. Oedipus sei doch früher viel besser gewesen und hatte offenbar doch ganz was anderes versprochen. Die Leipziger Montags-Demos brachten 1989 Hunderttausende auf die Straße, und als sie riefen »Wir sind das Volk«, meinten sie im Klartext: Die sozialistische Regierung, auf die wir keinen Einfluß haben, ist nicht in der Lage, uns den Lebensstandard zu bieten, wie wir ihn als bundesdeutschen Lebensstandard jeden Tag im West-TV bestaunen können.
Geht es allen schlecht, gibt es keine Revolution. Kein Mensch hätte **Ludwig XVI.** den Kopf abgehackt, wenn er statt in Versailles in den Pariser Slums gehaust hätte. Warum hat er nicht vom 4. Stock eines

Hinterhofs aus regiert, direkt über einer Latrine? Er wäre in Ehren alt geworden und im Bett gestorben.
Auch für friedliche Revolutionen, die dann die liebliche Bezeichnung »Reformen« tragen, gilt: Sie sind nur möglich, wenn der Bürger vergleichen kann. US-Präsident **Ronald Reagan** hätte seine Revolution, die im wesentlichen eine große Steuersenkung war, nicht durchführen können, wenn es nicht schon zu anderen Zeiten weniger oder gar keine Steuern gegeben hätte. Nirgends stand geschrieben, daß der Staat die freie Wirtschaft durch konfiskatorische Steuern knebeln muß.
Die Tragödie der deutschen Revolution im 16. Jahrhundert, des sogenannten »Bauernkriegs« (über 90 % der Deutschen waren damals Bauern), bestand darin, daß es den Revolutionären nicht gelang, das Argument, die Abgaben, wie der »Zehnte«, seien gottgewollt und in der Bibel festgeschrieben, zu widerlegen. Gegen Gott revolutioniert es sich schlecht.
Die Geschichte würde glatt und harmlos verlaufen, wenn immer gleich gesagt würde, was es kostet. Ich bin nach dem Zweiten Weltkrieg in Oberbayern oft in US-Militärfahrzeugen gefahren. Oberhalb des Fahrers stand in weißer Schrift auf olivgrünem Untergrund, was der Laster kostet und daß der Fahrer just diesen Betrag bezahlen muß, wenn er den Laster zu Schrott fährt. Die US-Laster fuhren nach dem Krieg wie auf Eiern.

Wir erfahren schon längst nicht mehr, was was kostet und wer was bezahlt

Schlimmstes Beispiel: die deutsche Einheit.
Selbst einem flüchtigen und naiven Betrachter war klar:
1. Die ganze DDR ist ein Schrotthaufen. Der westdeutsche Bauernpräsident **Constantin von Heereman** sagte im Flugzeug zu seinem Nachbarn: »Die ganze Republik unterpflügen, zehn Jahre liegen lassen, dann anfangen aufzubauen.«
2. Die Menschen sind nach fast 60 Jahren Diktatur nicht an selbständiges Denken und Handeln gewöhnt. Was im Westen belohnt wird: Übernahme von Risiko, Querdenken, Schwimmen gegen den Strom, Contrary Opinion, antizyklisches Verhalten. Im Westen verdient am meisten Geld, wer eine Marktlücke entdeckt und ausbeutet. Was für eine Marktlücke hätte es im Sozialismus geben sollen? Wie hätte man sie ausbeuten können, wo alles nur beim Staat zu kaufen war, selbst der Platz für Werbung, um auf die entdeckte Marktlücke hinzuweisen?
3. Die DDR ist nie und nimmer von heute auf morgen so zu erneuern, daß die Menschen für sich selber sorgen können. Die DDR und 95% ihrer Betriebe waren zwar pleite, doch war dies eine ganz andere Pleite als ein kapitalistischer Konkurs. Geht im Westen ein Unternehmen drauf, haben die Arbeiter nicht das Arbeiten, die Sekretärinnen nicht das Telefonieren, die Verkäufer nicht das Marketing verlernt. Nach einer Sanierung oder in einer anderen Firma können alle sofort und erfolgreich weiterarbeiten. Nach der

Herstatt-Pleite kamen die Schalterbeamten sofort bei anderen Banken unter. Nach dem AEG-Vergleich lief die Firma erfolgreich wieder an. Der Chefredakteur der eingestellten (weil erfolglosen) »Abendpost/Nachtausgabe« in Frankfurt kam bei der »Bild-Zeitung« unter, wo er als stellvertretender Chefredakteur täglich sein Können unter Beweis stellt.

4. Zwischen Sozialismus und Kapitalismus war in der Ex-DDR ein längeres Intermezzo anzusetzen, das viel Geld kosten würde. Dieses Geld waren *verlorene Subventionen, ökonomisch sinnlose Transferzahlungen, Sozial-Klimbim.* Die Wessis mußten zahlen. Sie konnten die armen Ossis spätestens seit dem Tag nicht mehr sich selbst überlassen, da die D-Mark und mit ihr die West-Waren zu West-Preisen eingeführt wurden. Um D-Mark zu verdienen, mit der hinfort allein Waren zu kaufen waren, mußten sich die Ossis in den kapitalistischen Produktionsprozeß westlicher Prägung eingliedern, der allein D-Mark ausspeit.

Es war völlig klar, daß es zum Zeitpunkt der Wiedervereinigung zwei völlig verschiedene Arbeits-Menschen in Deutschland gab: die hilflos umherstöpselnden, ängstlichen Ossis und die gebrühten und geriebenen Wessis. Es dauert ziemlich lange, um aus Stöpslern Geriebene zu machen – mindestens eine halbe Generation.

Der J-Kurven-Effekt

Die Kostenlage war damit klar: Erst mußte es viel, viel schlimmer werden, bevor es besser werden

konnte. Es ist, wie wenn Sie ein großes J von links nach rechts zeichnen.
Dieser J-Kurven-Effekt ist seit langem Standardwissen in der Ökonomie. Er ist außerdem allgemeine Lebenserfahrung. Nach einem Unfall überdeckt der Schock zunächst die Schmerzen. Dann brechen sie um so brutaler heraus. Es gibt keine Pleite, bei der zum Zeitpunkt der Katastrophe schon alle Zahlen gestimmt haben. Es wurde dann noch viel schlimmer, bevor es schließlich im Rahmen der Sanierung/Abwicklung besser wurde. Jeder Mediziner weiß, daß sich der Süchtige im Entzug erst schlechter fühlen muß, bevor es besser wird.
Der Mensch redet sich die Welt schön, weil er Angst vor den Folgen seines Tuns hat. Politiker sind darin erfahren. Es gibt kein Projekt, das am Ende genau so viel oder gar weniger gekostet hätte als beim Start. Das gilt für den Neubau des Kanzleramtes ebenso wie den des Bonner Parlamentsgebäudes, das Gästehaus auf dem Petersberg, den Rhein-Main-Donau-Kanal, die Beschaffung des Leopard-Panzers. Es gilt immer und überall.
Kanzler **Helmut Kohl** war furchtbar schlecht beraten, als er sich zu dem Satz hinreißen ließ: »Allen soll es besser, keinem wird es schlechter gehen.« Der Kanzler muß nicht wissen, was der J-Kurven-Effekt ist. Aber er muß Leute um sich scharen, die das wissen. Oder er muß sich nur eine einzige öffentlich-rechtliche Abrechnung vorlegen lassen: Immer wurde es erst schlimmer, bevor es besser wurde.
So war denn die große Finanzkatastrophe Ost vorprogrammiert. Es wird bis zum Jahr 2000 jährlich minde-

stens 150 Mias DM kosten, bis sich die Dinge einigermaßen angenähert haben. Dabei gilt: die ersten Mias sind völlig aus dem Fenster geworfen (Unterhaltszahlungen, Erhaltungs-Subventionen). Erst im Laufe der Jahre werden Mias gezahlt, die etwas abwerfen können: Geld, das in ein neues Telefonnetz investiert ist, Geld für neue Straßen, Fabriken. Dann zahlen sich Umschulung aus, Lehrgänge in Buchhaltung, Marketing und Mac-Bedienung.
Dies alles war völlig klar. Die Menschen im Westen haben das auch im Bauch gespürt. Umfragen vor der Bundestagswahl zeigten: große Mehrheit für Steuererhöhungen, um die Ex-DDR auf die Beine zu stellen. Warum wurde die Mehrheit nicht erhört. Vox populi, vox dei. Die Stimme des Volkes ist die Stimme Gottes. Die Stimme Gottes hat in den Ohren der deutschen Christdemokraten offenbar keinen Klang.

Der Kapitalismus kräschelt

Politische Geschichte ist heute Wirtschaftsgeschichte, und die ist simpel. Ursache und Wirkung. Hat Müller keine Schulden, kann er nie pleite gehen. Steigen Müllers Zinsen schneller als sein Cash-flow, muß er pleite gehen. Wir ersetzen »Müller« durch »freie Wirtschaft«: **Steigen die Schulden der freien Wirtschaft schneller als ihr Cash-flow (= vermarktetes Sozialprodukt), muß der Kapitalismus, das »System« der freien Wirtschaft, krachen.**
Jetzt kracht es.
Das ganze ist ein Treppenwitz der Weltgeschichte.

Karl Marx fällt, die Kugel im Kopf, endlich aus dem Fenster. Unten erschlägt er den ahnungslos vorbeischlendernden **Adam Smith.** Was kann der Vater der Lehre von der freien Marktwirtschaft dafür, daß die freie Marktwirtschaft nicht funktioniert.
Große Pleiten verlaufen subtil. Vor dem finalen Crash wird alles nochmal verflüssigt. England ist Ende des 17. Jahrhunderts pleite, man gründet die Bank von England. Die Staatsschulden werden »monetarisiert«. Resultat: Eine riesige Aktien-Hausse, der South Sea Bubble, danach Crash.
Ludwig XIV. stirbt in Schulden, **John Law** monetarisiert 1720 die Hinterlassenschaft des Sonnenkönigs: Mississippi-Schwindel, Crash. Nach 1789 monetarisiert man mit Assignaten. »Agiotageure« treten auf, heute würde man sie Buy-out-Kings, **Ivan Boesky** oder **Michael Milken** nennen (man lese dazu Mirabeau). Es folgt Hyperinflation, danach Crash.
Napoleons Niederlage finanzieren englische Bills. Monetarisiert verursachen sie die erste Südamerika-Hausse. Anschließend Schuldenkrise, danach Crash. (Dazu: Frank Dawson, »The City of London and the 1822–25 Loan Bubble«; rätselhafterweise verhalten sich die Bankiers seit dieser Zeit wie die Lemminge, sobald das Stichwort »Südamerika« fällt, immer wieder versenken sie Milliarden zwischen Orinoco und Cap Horn).
1871 monetarisiert Preußen mit Hilfe Pariser Kontributionen die Kosten des Sieges über Frankreich: Gründerhausse, danach Gründerkrach. Nach dem 1. Weltkrieg werden uneinbringliche Staatspapiere nicht ausgebucht, als das Deutsche Reich nicht zahlt.

Sie werden monetarisiert: Weltweiter Aktien-Taumel 1922–29. Dann Crash und Krise.
1982 werden die versunkenen Südamerika-Kredite liquidiert. Sie finanzieren den Bullen-Markt der 80er: Renten, Aktien, Liegenschaften. Das Ende? Selbstverständlich wieder Crash, Baisse, Massenelend ...
Wir sehen Zeichen an der Wand, und drehen uns ab. Nichts Wirtschaftliches passiert überraschend. Das Straucheln der Vorwitzigen (Alan Bond, Trump, Campeau) war ebenso vorprogrammiert wie die Pleiten Polly Peck in Istanbul oder Portmans One Peachtree Center in Atlanta.
Auf Propheten hört kein Mensch. Wir sind aufs Überleben, nicht aufs Untergehen programmiert. Ravi Batra (»The Great Depression of 1990«), Scherz-Keks. Baron von Bethman (»Auf Inflation folgt Deflation«), liebenswerter Trottel. Bobby Prechter (»Der Dow fällt unter 400«), Schelm. Paul C. Martin (»Cash – Strategie gegen den Crash«), Ignorant.
Am 20. Oktober 1987, dem Tag nach dem 500-Punkte-Dow-Sturz, werden um 11.30 Uhr 12 von 30 Dow-Jones-Werten nicht gehandelt, auch nicht IBM. Die NYSE steht vor der Schließung. Program-Trading im Maxi-Index bringt Rettung in letzter Sekunde (ausführlich: Tim Metz, »Black Monday«). Danach glaubt alle Welt, jetzt sei alles gut. Triumph der Politik über den Zinseszins!
Warum stieg dann Japans Kapitalmarkt von 4,5 auf fast 9%? Warum ging der Dow nach dem 87er-Crashnoch einmal auf All-time-High, der marktbreitere Value Line-Index nicht? Was lehrt die 89er-Crashette? Warum fällt der kombinierte Welt-Ak-

tien-Index von Morgan Stanley seit der Jahreswende 1989/90?
Sieht keiner den klassischen »Island Reversal« im Dow Transport-Index, nach dem Ende des Leveraged-Buyout der Fluglinie UAL? Kennt man **Richard Russell** (auflagenstärkster US-Börsenbrief), der den Bär in seine Box tat? Was bedeutet der Rücktritt von **Peter Lynch,** des erfolgreichsten Fonds-Managers der Geschichte? Sah keiner den Leverager **T. Boone Pickens** aus der Hauptversammlung des japanischen Autozulieferers Koito fliegen, wo er buy-outen wollte? Was macht seit dem B.A.T.-Desaster eigentlich **Jimmy Goldsmith**? Wie schmal sieht **de Benedetti** aus (»Tiger Carlo«), der jetzt bescheiden flüstert, er wolle sich ganz »dem realwirtschaftlichen Sektor widmen«? Gewinne und Kurs seiner Olivetti? Freier Fall! Die Kosten der Rettung der US-Sparkassen, der Savings & Loans? 1986: 20 Mias, 1990: 500 Mias (offiziell; 1000 Mias sind wahrscheinlich). Stieg nicht 1989 der Spread zwischen Treasuries und Junks von 3 auf 7%, danach auf über 11? Moody's, downgradet täglich – Unysis ist inzwischen auch Junk. Der Marktwert lateinamerikanischer Schulden hat sich seit 1987 mehr als halbiert. Jetzt gibt's 35 Cents pro Dollar.
Saddam Hussein versucht, sich mit einem Wahnsinnsakt 80 Mias $-Schulden vom Hals zu schaffen. Wenn im US-Kongreß das Budget durchfällt: Hat das etwa mit der Tatsache zu tun, daß die »Treasury Gross Public Debt« per 1. 10. 90 auf 3,2 Bios Dollar angeschwollen war? Vor einem Jahr: 2,8. Steigerung: 14%.
Es ist 1991, und die amerikanische Staatsschuld

wächst jetzt jeden Tag um etwa 1 Mia $. Bis zum Ende des Jahrtausends (31. 12. 2000) wird die US-Staatsschuld auf mindestens 8, wahrscheinlich 10 Bios $ gestiegen sein.

Dies irae, dies ille

Dies irae, dies ille, singt der Chor. Jener Tag der Rache...

Schnell naht der Tag, da die Welt-Schulden-Pyramide kollabieren muß. Es genügt ein Taschenrechner, um den verbleibenden Zeitraum auszuknobeln.

Die Existenzgrundlage einer auf Schuldendruck basierenden Ökonomie (»Kapitalismus«) schreibt die Krise mit mathematischer Logik vor, *sobald die zur Verfügung stehende Liquidität langsamer steigt als die jeweils fälligen Verpflichtungen.* Dies ist der Fall. »Geld« ist nichts anderes als ein Sichtguthaben. Etwas, womit man jederzeit bezahlen kann. Geld ist zweimal gebucht, als Aktivum und als Verbindlichkeit. Es gibt also jemand, der darauf wartet, daß dieses Geld in seiner Kasse aufscheint. Kommt es nicht, ist es aus.

Nicht die Schulden sind schlimm. Sondern die Menge an Geld, die sie automatisch benötigen, wenn sie fällig werden. Dieses Geld muß dann da sein. Dann. *Steigt die Geldmenge langsamer als der Betrag, der zum Bezahlen am Stichtag X benötigt wird, kommt es zum Ketten-Bankrott.* Der kommt, weil die Geldmenge langsamer steigt. Sie muß langsamer steigen, weil die Menschen nicht nur Geld zum Anschauen in die Hand nehmen wollen. Geld, das als Zinszahlung aufgrund früherer Schulden benötigt wird, ist aber Geld zum Anschauen.

Wer den Crash-Propheten »Pessimismus« vorhält, kann nicht rechnen, basta.

Stan Salvigsen war lange Jahre Chef-Stratege von Merrill Lynch, dem größten Brokerhaus Amerikas. Salvigsen hat es kapiert. Er bringt in der Comstock-Review »Der Bankenprüfer« im Juni 1989 eine Analyse, die sich mit meiner eigenen randlos deckt (vgl. »Der Kapitalismus«, 1986, und »Aufwärts ohne Ende«, 1988).

Salvigsen schreibt (ich fasse zusammen):

1. Schulden werden mit Leistung oder Liquidität (= Option, jederzeit eine Leistung abzufordern) bedient. Liquidität ist ergo stehen gebliebene Schuld (= »Geld«). *Wären alle Schulden bezahlt, gäbe es kein Geld.* Wozu auch?

2. »Geld« entsteht niemals ex nihilo. Es setzt Kredit voraus. Es gibt kein »Recht auf Kredit«, ergo keins auf Geld. Geld für die Zinsen auf die Kredite von 1990 war bei der Schaffung der Kredite von 1990 nicht vorhanden. Wo kommt es her? (Antwort: Durch Netto-Neuverschuldung!). Der Kapitalismus ist ein Kettenbrief.

3. Immer mehr wollen am Kapitalismus partizipieren, immer weniger zahlen. Also wird aufgeschuldet, hochgebucht. Je mehr hochgebucht wird (typisch: Staatskredite), *desto rascher nimmt die marginale Effizienz neuer Kredite ab.* Auf deutsch: Früher schuf 1 DM Kredit 1 DM zusätzliches Sozialprodukt. Denn die 1 DM Kredit wurde für 1 DM Ware ausgegeben.

Wozu hat man sonst 1 DM Kredit genommen, wenn nicht, um sich damit etwas zu kaufen?
Inzwischen müssen in den großen kapitalistischen Volkswirtschaften (USA, GB, Japan, D, F, I, Kanada) im Durchschnitt fast schon 3 DM Kredit genommen werden, bloß damit das Sozialprodukt um 1 DM steigt. Wozu die zweite DM, die dritte? Antwort: Sie wird gepumpt, um damit Schulden zu bedienen (Zinsen, Tilgung), die nur noch hochgebucht, aber nicht mehr bezahlt (= durch Leistung zum Verschwinden gebracht) werden.
Der Kapitalismus leiert aus, läuft schließlich leer wie eine überdrehte Schraube. Es folgt automatisch ein explosiv steigendes Verhältnis Schulden zu Sozialprodukt (s. S. 60).
4. Alle Kredite sind entweder Wechsel auf kommendes Sozialprodukt oder entstehen als Beleihungen vorhandenen Sozialprodukts (»Vermögens«), um damit dieses Sozialprodukt zu kaufen. Ich beleihe ein Haus, damit ich dieses Haus kaufen kann.
Im System sind feste Relationen von Liquidität zu Reserven vorgeschrieben (»Mindestreserven«)! Daher wird es für die Banken immer schwieriger, mit frischem Geld weiterzuhelfen. Es kommt der Credit Crunch, es geht dem Kredit-Volumen wie den Crunchies von Kellogs. Sie werden beim Kauen immer kleiner.
Um Liquidität zu schaffen, müssen die Schuldner schließlich Aktiva verkaufen (Aktien, Obligationen, Immobilien, Kunst). Das zwingt die Preise in die Knie. Alle Märkte krachen. Gleichzeitig wird die Basis für neue Kreditgewährung immer schmaler

(eine Immobilie, die nicht mehr 2 Mios kostet, sondern nur noch 1 Mio, kann ich entsprechend weniger beleihen).

5. Die deflationäre Spirale (»einwärts«) beginnt, immer mehr Schuldner geraten in den Strudel, zum Schluß fallen selbst allererste Adressen. Nach Aussage des bekannten Ökonomen **Alan Sinai** steckten die USA bereits 1990 mitten im Credit Crunch. Dieser Crunch ist fatal, weil er durch seine bloße Existenz immer weiter den Kredit des Systems untergräbt (credere = glauben, vertrauen). Die marginale Neigung, noch mehr Schulden zu machen bzw. entsprechend höhere Kredite zu geben, nimmt immer schneller ab, wodurch der Crunch nur größer wird. Munchie, Crunchie.

Wer sind die Schuldigen an dem, was kommt?

Die Universitäten haben sogenannte »Volkswirte« ausgebildet. Die arbeiten in staatlichen Verwaltungen, in Banken und Unternehmen. Einer hereinbrechenden großen Krise stehen sie hilflos gegenüber.

Universitäten sind Staatsbetriebe, Fremdkörper in der Marktwirtschaft. Wundert's, daß sie lehren mußten, daß der Staat allen Problemen beikommt, Wirtschaftskrisen inklusive? Die Wirtschafts-Fakultät der Uni München, in der gelehrt wird, daß Staatseingriffe »alles lösen«: Worin unterscheidet sie sich von der Karl-Marx-Universität, wo gelehrt wurde, daß der Sozialismus »funktioniert«?

Ah, es gibt das Argument vom »Retter des Systems«.

Das setzt voraus, daß der Staat ab einem Zeitpunkt die Rechnungen (und die fälligen Schulden) zahlt. Epochaler Gedanke! Nur:
1. Was wäre wohl der beste Zeitpunkt für den Eingriff? Soll der Staat die Preise und Kurse heute garantieren oder erst morgen? Wann für die Bilanzen aller Banken und Sparkassen geradestehen? Soll er Aktien zum Festpreis übernehmen? Immobilien? Sogar Kunst? (Was mit Staatsgarantien geschieht, haben die EG und die Savings & Loans bewiesen.)
2. Geben die Notenbanken vorab eine *Global-Garantie* für alle Zahlungen (d.h. für alle Preis- und Kursniveaus), erlischt sofort jede Wirtschaftstätigkeit. Niemand muß mehr arbeiten und leisten, um sich Liquidität zur Bedienung seiner privaten und unternehmerischen Verpflichtungen zu beschaffen. Der fürsorgliche Staat ersetzt den Markt, auf dem man kämpfen muß. Eine Hyperinflation aller Werte, Kurse, Preise bei Null-Sozialprodukt ist die sofortige Folge.

Hätte der Staat die Immobilien der S & L's nicht zum Buchwert kaufen können? Dann wäre es doch nie zur S&L-Krise gekommen! (Nein, man hätte noch viel mehr gebaut und dem Staat verkauft). Wo war Japans Finanzminister, als der Nikkei-Index bei fast 40 000 stand? Hätte er die Kurse auf diesem Niveau garantiert, würden bei 22 000 die japanischen Broker & Banken nicht wackeln. (Nein, der Nikkei stünde dann auf 400 000, wo ihn der Finanzminister erneut garantieren müßte).

Warum konnte **Alan Bond** seine unbezahlten »Schwertlilien« (und alle anderen Aktiva) nicht zu

Höchstkursen an eine Notenbank verscherbeln? Er könnte doch heute noch um den America's Cup segeln und die Bond Corp. hätte nicht 3,5 Mias DM Jahresverlust gemeldet! (Nein. Bond hätte inzwischen alle Museen der Welt gekauft).
3. Darf der Staat wenigstens im nachhinein und »selektiv« helfen? Wie die Bundesregierung die Treuhand garantiert, die sich mit einer Menge bankrotter Betriebe herumzuschlagen hat? Hinter der Selektionstheorie steht die Vorstellung, es gäbe immer nur vereinzelte »Versehen« oder Pleiten. Nur wenn sie »besonders schlimm« ausschauen, beseitigt der Staat die Folgen.
Die Selektionstheorie bedeutet erstens Wirkungen woanders. There is no »free lunch«. Wenn die Bundesrepublik die bankrotten DDRler nicht verhungern läßt, treibt sie dafür die Zinsen in die Höhe und würgt den Deutschland-Boom ab. Wenn US-Government die Grundstücke der S & L's versteigert, bringt man den Immobilienmarkt zum Einsturz.
Zweitens sind Aktionen der Selektierer, die immer so stolz auf ihre Erfolge verweisen (»haben wir damals nicht toll gerettet und Schlimmeres verhütet!«), ganz zwecklos, wenn das kapitalistische System insgesamt in die Phase des negativen Cash-flow eintritt – wie jetzt. Die immer nur durch zusätzliche Verschuldung zu gewinnende Liquidität reicht schlicht nicht mehr aus, um den Block der alten Schulden zu bedienen. Jetzt hilft kein Zetern, Beten. Die Dinge nehmen ihren Lauf. Die freie Wirtschaft wurde durch den aufschuldenden »Staat« pervertiert. Jetzt muß sie nicht von wegen »Krise« jammern.

Das Argument der staatlich besoldeten Ökonomen, der Staat würde der Wirtschaft immer wieder auf die Beine helfen, und die Forderung nach Beendigung des Wirtschaftens sind deckungsgleich! Hilft der Staat, schuldet er auf. Das senkt die Grenz-Rentabilität für neue Kredite. Das führt über kurz oder lang den negativen Cash-flow und Crash des Gesamt-Systems herbei.

Auch das Selektieren hilft nix mehr

Die Theorie vom »Retter Staat« ist ganz grotesk, weil die Summe der Verluste zu dem Zeitpunkt, wenn er jetzt »eingreifen muß«, bereits so groß ist, daß die verbliebenen Aktiva (Reserven) nicht mehr ausreichen, um die zur Erhaltung des Kapitalismus notwendige Zusatzverschuldung zu ermöglichen. Ein Nikkei von 40 000 ist höher zu beleihen als einer von 25 000. So hat uns die deflationäre Depression im Griff. Jeder versucht, der Cash-flow-Krise des Systems zu entkommen, indem er beleihungsfähige Aktiva verkauft (Immobilien, Kunst, Wertpapiere). Dies führt zu den bekannten *Mahlstrom-Effekten. Preise, Werte, Kurse fallen, und weil sie fallen, fehlt noch mehr Geld, um sie je wieder zu heben, und ergo fallen sie noch mehr.*
Das optimale investive Verhalten ist begrenzt. Wer das große Spiel kapiert hat, mixt Cash- und Short-Positionen! Langlaufende Puts werden neue Millionäre machen. Bitte rechtzeitig aussteigen, weil die Puts am Ende nicht bedient werden.
Wenn dann die unausweichliche Welt-Bankenkrise

hereinbricht (ausgehend von Japan und den USA), nehmen Sie Gold in kleinen Stückelungen. Das wird für eine Übergangszeit als »Zahlungs«- d. h. Tauschmittel im primitivsten Sinne nützen. Danach wird man es verbieten oder ächten. Wer Gold hat, wird verfolgt werden. Wie und warum, lehrt die Geschichte. Schon im 2. Buch Mose 33 wird eine der typischen Anti-Reichen-Stimmung geschildert, mit »Schmuck-Verbot«. Lesen Sie die Kapitel über den attischen Ostrakismus und die römischen Proskriptionen! Die Reichen werden seit jeher verfolgt. Eine Zeitlang halten sie stand, dann werden sie vernichtet.
Reichtum, der sich in Form von mobilem und immobilem Sachvermögen vererbt, ist schwer über Generationen hinwegzubringen. Es gibt einige Landlords, die sich gehalten haben, Kaliber Thurn & Taxis, Fugger, Liechtenstein. Immobilien sind aber schutzlos dem Zugriff preisgegeben, mobiles Vermögen (Gold) ist schwer zu verbergen.

Die armen Reichen können nicht rechnen

Reichtum, der sich in Form von Schuldtiteln vererbt, ist ein Witz. Das Frankreich des 18. Jahrhunderts kannte zuerst die Lebens-, dann die Zeit-, schließlich die ewigen Renten (Rentes viagères, héreditaires, perpetuelles). Alle diese Ansprüche verschwanden wertlos. *In damaliger Kaufkraft auf heute hochgebucht, würden die französischen Renten des 18. Jahrhunderts eine Summe ausmachen, die jeder Vorstel-*

lungskraft spottet: 200 Jahre (1791 zu 1991) vermehren sich die Renten zu (bloß) 4 % mit Zins und Zinseszins, was bedeutet, daß sie sich alle 18 Jahre verdoppeln. Die Zinsen, die der französische Etat vor der Revolution ausweist, lagen bei über 200 Mios Livres, was beiläufig 60 Tonnen Gold ausmachte.

Dann hätten wir also 11mal eine Verdoppelung der 60 Tonnen. Was etwa 123 000 Tonnen Gold ausmacht. Bis heute sind aber überhaupt erst wenig mehr als 80 000 Tonnen Gold in der Weltgeschichte gefördert worden. Es versteht sich daher von selbst, daß die französischen Renten irgendwie verschwinden mußten.

Was bis heute keiner kapiert, der Schulden macht. **Der Zinseszins ist die stärkste Kraft der menschlichen Geschichte überhaupt.** Ganze Religionen sind auf seinem Verbot aufgebaut, wie das mosaische Judentum und der Islam des Mohammed, der den Riba (»Verdoppelung der Verdoppelung«) verbot. Zinseszins (englisch: Compound Interest) wirkt durch das Stehenlassen der Schuld. Eine 4 %-Schuld verdoppelt sich per Zinseszins in 18 Jahren, bei 8 %-Schuld in 9 Jahren, vervierfacht sich also in 18 Jahren, eine 16 %-Schuld verdoppelt sich in 4,5 Jahren. In 18 Jahren ist sie verachtfacht.

Bevor Sie sich bei der Betrachtung der Wucht der Zinseszinsrechnung einen Herzkasper holen, empfehle ich die Vita Contemplativa, vielleicht gar in einem Kloster mit autarker Wirtschaft, sonst möglichst unauffällig in einem sicheren, ländlichen Ambiente leben, das sich selbst ernähren kann. Eine weitere Alternative ist das Schiff auf hoher See. In der

kommenden Zeit der Zahlungen gilt: **Bene vivit, qui bene latuit.** Gut lebt, der verborgen lebt.
In seiner Apokalypse beschreibt der Seher und Lieblingsschüler Jesu, Johannes, in starken Worten den Zusammenbruch: »Wehe, du große Stadt ... in einer einzigen Stunde ist das Gericht über dich gekommen ... die Kaufleute der Erde weinen und klagen ... Alles, was prächtig und glänzend war ... Nie mehr wird man es finden. *In einer einzigen Stunde ist dieser ganze Reichtum dahin ...«*
Wehe!

Massiv im Minus

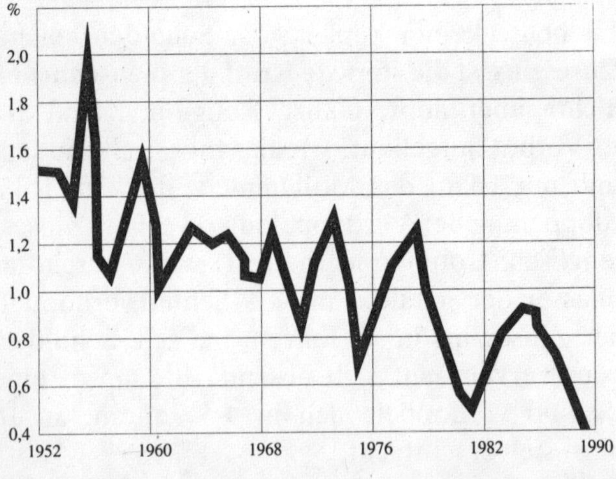

Das Verhältnis neu kontrahierter Schulden zu den gezahlten Zinsen (jährlich 1 Zahl). Quelle: Comstock. Eine Ziffer von 2,0 bedeutet: Genausoviel wie für Zinszahlungen bleibt für die Finanzierung neuer Projekte übrig. 1,0: Der »Net flow of total debt« geht für »monetary interest paid« drauf. Unter 0: Neue Schulden reichen nicht mehr für die fälligen Zinsen, geschweige denn zur Finanzierung neuer Aktivitäten aus. Zahlen für die USA, aber typisch für alle entwickelten Volkswirtschaften.

Vom Bezahlen und der Deutschen Bundesbank

»Die Deutsche Bundesbank regelt den Geldumlauf (Notenausgabe) und die Kreditversorgung der Wirtschaft mit dem Ziel, die Währung zu sichern.«

Brockhaus-Lexikon

Der Zahlmeister zahlt womit? Von Rubel & Dollar & D-Mark

Gezahlt wird mit Geld. Das ist klar. Aber mit was für Geld?

Nehmen wir an, die Russen wollten uns was zahlen. »Da, unsere schönen Rubel«, sagen sie. »Nehmen, nehmen.«

»Nix Rubel nehmen«, sagen wir sofort. Denn was wollen wir mit Rubeln? Rubel nimmt dir keine Bank. Mit Rubel kannst du in keinem Geschäft was kaufen. Der Rubel ist überhaupt kein »Geld«. Sondern eine Lebensmittelmarke mit beschränkter Geltung.

Wie beschränkt die Geltung ist, haben die Russen eben am eigenen Leib erlebt. Die Regierung hat kurzerhand die großen Rubelnoten für wertlos erklärt. Mit einer 100-Rubel-Note kannst du dir nichts mehr kaufen. Umgetauscht wird sie nur in einem langen zeitraubenden Verfahren, in dem der Sowjetbürger nachweisen muß, daß er das Geld »ordnungsgemäß« erworben hat.

In Moskau, der Hauptstadt einer »zivilisierten Nation« kannst du dir für Rubel die meiste Zeit auch nichts kaufen. Eine mit Schweinesülze belegte Scheibe Brot aus Fischmehl vielleicht. Oder eine Polyester-Badehose im Januar.

Lachen wir nicht. Immerhin gilt die Sowjetunion als Weltmacht. Und ihre Stoßarmeen packen Westeuropa auch heute noch mit links, wenn es sein muß und wenn die Amis abgezogen sind. Oder ist Rußlands Militärmacht ein Bluff, wie die irakische Armee? Immerhin hat der sowjetische Verteidigungsmi-

nister Jasow kleinlaut erklärt, sein Land sei »ohne Verteidigung«, seit es keine Zieloptik aus Jena (Zeiss) und keine Raketen-Prozessoren der Ex-DDR-Firma Robotron mehr kriegt.
In der Geschichte gab's oft große Mächte, die ganz ohne Geld ausgekommen sind. Die Spartaner im Altertum zum Beispiel, die haben nicht eine einzige Münze geschlagen. Erst in Spartas Verfallszeit, ab etwa 300, tauchen gelegentliche Gepräge auf. Während ganz Griechenland die herrlichsten Gold- und Silbermünzen prägte, und das en masse, hatten die Spartaner, die die Thermopylen verteidigten, noch nicht mal ein Kupferplättchen, um Oliven zu kaufen, ein paar Eier oder Mehl. Dennoch haben die Spartaner zum Schluß gewonnen, haben die Athener zu Wasser und zu Land vernichtend geschlagen, wurden Herren von ganz Griechenland. Es geht auch ohne »Geld.«
Die Bundesrepublik ist heute anders. Dort leben keine ärmlichen Spartaner, die immer nur die Entscheidungsschlacht üben, von der sie wissen, daß sie eines Tages kommt. In Deutschland leben wohlhabende Leute. Und die haben natürlich Geld. Sehr gutes Geld sogar. Sie haben die Deutsche Mark.
Die Deutsche Mark hat nur einen kleinen Makel: Sie ist gar kein deutsches Geld. Sie ist Geld aus Amerika. Gäbe es die USA nicht, gäbe es keinen Dollar, gäbe es keine D-Mark.
So einfach ist das. Wir sind in Gelddingen, wo bekanntlich die Gemütlichkeit aufhört, zwar besser dran als die Russen, die überhaupt kein Geld haben, sondern »Rubel« genannte Papierfetzen.

Aber vom Standpunkt eines souveränen, selbständigen Staates aus gesehen, haben wir genausowenig »Geld« wie die Russen. In Gelddingen sind wir die Lakaien von Amerika. Wir sind der Grüßgott-August des US-Dollar. Denn nur wenn ein Dollar vorbeikommt, können wir versuchen, ihn zu erhaschen, dürfen ihn »kaufen«. Dann wird eine schöne Deutsche Mark daraus.

Das mit dem Dollar und der D-Mark ist wie eine Metamorphose des antiken Dichters Ovid. Wo sich auch alles verwandelt. Ein altes Ehepaar zum Beispiel in einen Baum, damit es immer beisammen bleibt. Die beiden Währungen sind wie eine Raupe (der Dollar), der sich wenig später als ein wunderschöner Falter (D-Mark) entpuppt.

Das haben Sie nicht verstanden? Das mit dem Dollar als *Weltgeld,* der sich nur immer verwandelt, und dann kommen all die anderen Gelder heraus, die D-Mark, aber auch der Schweizer Franken, das Pfund, der Franc, der Gulden, die Lira?

Das können Sie auch nicht verstanden haben. Denn es wird in der Schule nicht gelehrt, und später im Leben auch nicht. Denn was wäre denn das für Politik, die zugeben müßte: Wir haben gar kein eigenes Geld. Unser Geld sind umgetauschte Dollar, und die Dollar haben wir nur genommen, weil die Amis ihre Rechnungen nie bezahlen. Wir sind Lakaien des Geldes einer fremden Weltmacht. Einer Weltmacht, die mit ihrem Geld machen kann, was sie will. Die also auch mit unserem Geld machen kann, was sie will.

Wenn die Amis morgen ihre Dollar für wertlos erklären, so ähnlich wie die Russen ihre großen Rubel-

Noten, gäbe es selbstverständlich auch keine D-Mark mehr. Aus.
Wenn die amerikanische Regierung, überschuldet, wie sie ist, morgen erklärt, sie stellt die Zahlungen ein, und ihre 5 Bios Dollar Schulden (33 % davon sind »verdeckte« Schulden, »Garantien« und so) nicht mehr anerkennt, und das sei ihr übrigens auch ganz wurscht, denn die Gläubiger von diesen Schulden, die sitzen sowieso im Ausland – also beim amerikanischen Staatsbankrott käme auch gar kein Amerikaner zu Schaden. Was ist dann mit uns?
Dann geht die Deutsche Bundesbank pleite. Zumindest formal. Denn die Buba bilanziert nach den Regeln des Aktienrechts. Und nach diesen Regeln muß jemand Konkurs anmelden, wenn seine Aktivseite verschwunden ist. Beim US-Staatsbankrott aber verschwindet die Aktivseite der Deutschen Bundesbank – zum großen Teil jedenfalls. Auf der Aktivseite der Buba sind die Dollarforderungen als »Währungs-« oder »Devisenreserven« verbucht.
Anschließend reißt es den Bundeshaushalt ein. Der ist auf die Gewinne dieser Bundesbank angewiesen (in den letzten 5 Jahren so im Schnitt um die zehn Mias).
Drittens haben wir dann überhaupt kein Geld mehr. Sondern genauso bunte, lustige, wertlose Papierfetzen, wie die Russen den Rubel haben. Denn nicht nur der Teil unseres Geldes, der durch Dollar »gedeckt« war, ist wertlos. Auch viele der sonstigen Forderungen der Buba sind wertlos: Das sind zum einen Handelswechsel von guten deutschen Firmen; die aber werden wohl kaum noch Geschäfte machen, wenn es den Dollar wegen US-Staatsbankrott zerrissen hat.

Zum anderen sind da deutsche Staatstitel, die die Buba angekauft hat und die jetzt auch Nonvaleurs sind, weil kein Staat noch einen Pfennig kassiert, wenn seine großen Unternehmen pleite sind, weil es den Dollar (und die US-Volkswirtschaft) nicht mehr gibt.

Die Mär vom »deutschen Geld«

Es ist sehr wichtig, daß Sie das hier lesen. Als Deutsche sollten Sie wissen, daß es »deutsches Geld« gar nicht gibt. Auch wenn es für das Geld schöne altdeutsche Bezeichnungen gibt, wie »Mark« und »Pfennig«. Das sind nur Tarnnamen, »Mark« und »Pfennig«. Sie stehen letztlich für »Dollar« und »Cent«. So ist das alles gekommen:

1. Als es noch keine »Notenbanken« gab, kursierten Gold- und Silbermünzen als Geld. Auf den Münzen war klar und deutlich zu lesen, was Sache war. Wieviel sie wogen, z. B. »10 eine Mark fein« hieß: 10 von diesen Münzen wiegen eine Mark, das war ein halbes Pfund (damals ca. 235 Gramm). Dann stand da, wer sie geschlagen hatte. Soweit dessen Herrschaft reichte, soweit reichte auch der Geltungsbereich seines Geldes. Ausländer nahmen das Geld zum Gold- und Silberwert an, das war ja nicht schwer umzurechnen.

2. Dann wurden im 19. Jahrhundert die Notenbanken gegründet, die Banken, die »Banknoten« ausgeben, deren Nachmachung oder Fälschung, wie wir auf den Banknoten der Deutschen Bundesbank lesen

können, bekanntlich unter schwerer Strafe steht (Minimum 2 Jahre Freiheitsstrafe).

3. Die Notenbanken rückten ihre Banknoten immer nur *gegen »Deckung«* heraus. Wie jede andere Bank auch bis heute einen Kredit nur herausrückt, wenn Sie eine Sicherheit (Deckung) nachweisen: ein Grundstück, ein Auto, eine Maschine, Ihr Einkommen.

Die Deckung oder Sicherheit der Notenbanken waren zunächst international gängige Waren: Edelmetalle, vor allem *Gold.*

Eine zweite Deckung wurden erstklassige *Handelswechsel.* Kurzfristige Zahlungsversprechen von guten Firmen. Die liefen drei Monate, danach mußte die Notenbank mit Gold bezahlt werden, und sie hatte ihre Banknoten zurück.

Diese beiden Geschäfte, Gold und erstklassige Handelswechsel, sind die Klassiker des Notenbank-Geschäftes. Damit wurde immerhin die industrielle Revolution monetär unterlegt, das war der größte Wohlstandsschub aller Zeiten. Das System funktionierte blendend – bis zum Ersten Weltkrieg: Gold, weil das immer und überall akzeptiert wird. Und erstklassige private Wechsel, weil die Leute, die solche Wechsel ziehen, in der Regel immer für Zahlung gut sind.

4. Mit dem ersten Schuß 1914 begann der Abstieg. *Der Betrug en gros.* Da gibt es den Betrug, der schnell läuft. Und den anderen, der sich etwas Zeit läßt. Beide Durchstechereien gehen schief. Am Ende werden die Banknoten der Notenbanken, die den Betrug mitgemacht haben, kaputt sein. Wertlose Papierfetzen werden herumflattern, wie dies in der Geschichte noch und noch und noch und noch vorgekommen ist

(und vorkommt, z. B. in den Notenbanken Südamerikas). Was aber ist der Betrug?
Der Betrug ist der Ankauf von Forderungen, die nie erfüllt werden.
Der Betrug ist der Ankauf von Zahlungsversprechen eines Schuldners, der nie zahlen wird. Der Schuldner, der nie zahlt und der nie zahlen wird, ist der Staat.

Vom Staat, dem schlimmen Bankrotteur

Den Staat gibt es in zwei Abteilungen: A) Ausland. B) Inland.
Die Deutsche Bundesbank hat sich auf den Betrug mit beiden Abteilungen eingelassen. Denn sie hat Banknoten, ihr auf D-Mark lautendes Geld, ausgegeben, indem sie von ausländischen Staaten (A) und vom inländischen Staat (B) Papiere angekauft hat. Der ausländische Staat, das sind die USA bzw. Staaten, die von den USA und deren Geldmaschine abhängen. Der inländische Staat, das ist halt die Bundesrepublik Deutschland selbst.
Warum wird gegen den Ankauf von Staatspapieren gestänkert? Gegen Staatspapiere wäre nichts einzuwenden, wenn die Staaten zahlen würden, so wie Daimler-Benz seine Wechsel zahlt, die von der Bundesbank angekauft werden.
Ob ein Staat zahlt oder nicht, läßt sich ganz einfach feststellen: *Ein Staat zahlt nicht, wenn er die Zinsen auf die bereits vorhandene Staatsschuld immer wieder zur Schuld schlägt.*
Das ist die klassische Pleite. Man geht ja nicht pleite,

weil man »mal kein Geld hat«, also plusminus null dasteht. Man geht auch nicht pleite, bloß weil man Schulden hat. Sondern man geht pleite, weil man die Schulden nicht mehr »bedienen« kann. Und bedienen heißt im Klartext: Schulden abtragen, und wenn man sie nicht abträgt, ist man auch noch nicht pleite.
Pleite ist man erst, wenn man auch die Zinsen auf die Schuld nicht mehr bezahlen kann. Wenn also gar nichts mehr kommt. Dann bist du fertig.
Gehen Sie zu irgendeiner Bank oder Sparkasse und sagen Sie:
»Herrschaften, ich will einen Kredit.«
Die Bank: »Jederzeit.«
Sie: »Aber nur unter der Bedingung, daß ich ihn nie zurückzahlen muß.«
Bank: »Okay. Also ein Dauerschuldverhältnis. Darüber läßt sich reden.«
Sie: »Ich will aber auch nie Zinsen zahlen.«
Bank: »Wie bitte?«
Sie: »Schlagen Sie die Zinsen doch zur Schuld.«
Bank: »Sind Sie verrückt?«
Sie: »Wieso denn? Der Staat macht's doch genauso. Der kriegt doch auch jeden Kredit von Ihnen! Und zahlt die Zinsen immer mit neuen Krediten. Schlägt also die Zinsen zur Schuld.«
Die jährlichen Zinsausgaben des Bundes sind zwischen 1982 und 1989 (dem letzten Jahr der alten, »normalen« Bundesrepublik) von 22,1 auf 32,5 Mias gestiegen. Das ist ein Zuwachs von flotten 47%. Mitten im Frieden, mitten in der schönsten Hochkonjunktur.
Die Zinsen steigen so flott, weil ja auch die Staats-

schulden immer höher steigen, weil eben die Zinsen immer wieder zur Schuld geschlagen werden.
Die Neuverschuldung des Bundes (»Nettokreditaufnahme«) hat sich zwischen 1982 und 1989 nicht so stetig gleichmäßig aufwärts entwickelt. Das ist ja auch klar, weil zwischendurch mal ein Spar-Päuschen kam. So lag 1982 die Neuverschuldung bei 37,2 Mias, 1985 im Tief lag sie bei 22,4 Mias. Dann zog sie 1988 wieder auf 39,2 Mias davon, 1989 waren es wieder bloß knapp 32 Mias.
Nehmen wir die gesamte Rechnung. Bund, bitte erheben Sie sich.
Wieviel *Zinsen* mußten Sie auf Ihre Schulden 1982–89 bezahlen?
232 Mias.
Und wie viel *neue Schulden* haben Sie im gleichen Zeitraum gemacht?
241 Mias.
Und was haben Sie mit den neuen Schulden gemacht, Bund?
Na die Zinsen auf die alten Schulden gezahlt. Was denn sonst?
Waren die 80er nicht die Jahre der Wende? Die Zeit des Sparministers Stoltenberg?

Alles Lug & Trug

Nie wurde gespart. Die Zinsen wurden zur Schuld geschlagen. Und zwar in ziemlich genau der gleichen Höhe, wie die Schulden stiegen. Das hat wenigstens etwas gespart, Überlegungen nämlich, wie und was

man mit den kaputten deutschen Finanzen machen soll.
Aber der neue Finanzminister, der Waigel, der ist doch ein Konservativer von der CSU? Die CSU hatte doch auch mal einen Finanzminister **Fritz Schäffer.** Das war der Herr im Kabinett Adenauer, der sogar einen Staatsschatz angelegt hat, aus Budgetüberschüssen, den sogenannten »Juliusturm« (im Spandauer Juliusturm lagerte der Staatsschatz zu Kaisers Zeiten). Lange her, das war zu Beginn der 1950er Jahre. Dann hatte die CSU den Finanzminister **Franz Josef Strauß.** Das war der einzige Finanzminister, der jemals Staatsschulden in der Bundesrepublik zurückgezahlt hat. Lange her. 1968/69 war das.
Der **Theo Waigel** aber macht es so: Zinszahlungen im Bundeshaushalt 1990, der noch vor der DDR, also im tiefsten finanziellen Frieden, aufgestellt wurde: Rund 33 Mias Mark. Neuverschuldung: Knapp 34 Mias Mark. Was macht der Waigel mit den 34 Mias? Na er zahlt die 33 Mias. Was wohl sonst? Und die Staatsverschuldung ist wieder ein Stückchen weiter auf den Abgrund vorgerückt.
Aber wir hatten doch 1989/90 überschäumende Hochkonjunktur. Da mußte doch was zu tilgen sein? *Wann zahlt denn ein Schuldner sonst zurück, wenn nicht in den Zeiten, da es ihm gut geht?* Die Schweiz macht's doch auch. Die hat seit 1986 stramm Staatsschulden getilgt. Inzwischen mehr als 4 Mias Franken.
Für ein so kleines Land eine Menge. Wenn man das auf Deutschland umrechnet, im Verhältnis 1:10, dann hätte das Duo Stoltenberg/Waigel seit 1986 rund 50 Mias Staatsschulden tilgen müssen. Tatsächlich

haben sie aber netto 90 Mias Schulden dazugepackt. Ist ein Unterschied von 140 Mias, Freunde. Schweiz/ Deutschland.
Übrigens: In der Schweiz wird auch deutsch gesprochen. Niemand fällt dort tot um, weil der Staat spart. Und der Schweizer Finanzminister ist sogar ein Linker. Otto Stich, Sozialdemokrat.
Und Amerika? Da schließen wir lieber die Augen. Da haben sich die Staatsschulden unter dem Meister Reagan verdreifacht. Allein in den Haushaltsjahren 1983/84 bis 1988/89 sind über eine Bio (= 1 000 000 000 000) Dollar neue Schulden dazugekommen. Damit konnten nicht nur die Zinsen auf die alten Schulden locker »bezahlt«, das heißt zur Schuld geschlagen werden. Da hatten die Amis noch eine große »freie Spitze«. Um auch sonst viele tolle neue Programme zu finanzieren. Bomber, Weltraum, Volksbeglückung.

Warum sind die Kaputto-Finanzen überhaupt ein Thema für den Zahlmeister?

Daß die Staatsschulden *nie mehr* zurückgezahlt werden, weiß inzwischen selbst der Hinterbeiler Sepp oben auf der Alm. Und daß irgendwann auch keine Zinsen mehr gezahlt werden können und daß die Bürger das mit dem Schlagen der Zinsen zur Schuld nicht mehr mitmachen, kannst du dir anhand einer Zinseszins-Tabelle auch leicht ausrechnen.
1970 war der bundesdeutsche Staat insgesamt mit 126 Mias verschuldet. 1990 liegen die Schulden bei über

1000 Mias, bei einer Bio also. *In 20 Jahren ist das achtfaches Geld.* Natürlich auch 8mal so hohe Zinsverpflichtungen. Das entspricht einem Zinsfaktor von über 10%. (Bei 10% verdoppelt sich eine Schuld in 7 Jahren, vervierfacht sich in 14, verachtfacht sich in 21 Jahren. Eben mal so, bis es scheppert.)
So letztes Drittel der 90er Jahre werden wir zwei Bios Staatsschulden in Deutschland haben. Im Jahr 2004 sind es dann vier Bios, und so weiter. Dann sind da irgendwo um die 300 Mias jährlich bloß an Zinsen fällig – so viel, wie der Bund heute überhaupt als Staatsausgaben ausgibt. Daß das schiefgeht mit dieser Wirtschafterei der Bundesrepublik, das ist auf 1000 Meilen gegen die Sonne zu sehen.
Aber die Kaputto-Finanzen des deutschen und des US-Staats sind hier nicht das Thema, weil sie kaputt sind. *Sondern, weil die Deutsche Bundesbank, die heiligste Institution des deutschen Volkes, die Hüterin der deutschen Währung, die Staatspapiere von Deutschland und von den USA aufnimmt.* Und uns das ganze als »Deckung« für die umlaufenden Banknoten verkauft.
So nach dem Motto: Weil diese Staaten doch so prima sind, ist unser Geld auch so prima. Gut wie Gold. Gut wie ein Wechsel von Daimler-Benz.

Die Bilanz der Buba

Um den ganzen Schwindel um Geld und Schuld, um Währung und Wirtschaft zu kapieren, müssen wir die Bilanz der Deutschen Bundesbank skelettieren. Eine

Bilanz zeigt auf der Aktivseite, was jemand hat. Auf der Passivseite, was er schuldig ist. Einfaches Beispiel: Sie haben ein Haus im Wert von 300 000 DM = Aktivseite 300 000 DM. Auf dem Haus haben Sie Schulden von 200 000 DM = Passivseite 200 000 DM. Die 100 000 Differenz sind Ihr Nettovermögen. Ihr Gewinn.

Bei der Bundesbank ist es so (vereinfacht): Auf der Passivseite stehen die Banknoten, die die Buba ausgegeben hat. Diese Banknoten sind bei uns natürlich hochwillkommene Aktivposten, bei der Buba (als »Gegenbuchung«) sind das entsprechende Passivposten, also Schulden. *Banknoten sind Schuldscheine,* nichts anderes.

Dann stehen da noch die Einlagen von inländischen Kreditinstituten und von Ausländern. Diese Einlagen werden nicht verzinst, sind »wie Bargeld« und werden aus den verschiedensten Gründen da hingelegt bzw. müssen da eingelegt werden. Was uns nicht weiter interessiert. Schließlich steht auf der Passivseite noch Kleinkram, Kapital, Rückstellungen usw.

Auf der Aktivseite der Buba-Bilanz steht nun, wie diese Passiva zustande gekommen sind. Wenn ich mir kein Haus kaufe (Aktivseite), entstehen auch keine Schulden (Passivseite).

Also steht auf der Aktivseite der Buba Gold, weil die Buba mal Gold gekauft hat – gegen Ausgabe von Banknoten in gleicher Höhe, logisch. Denn womit kann denn eine Notenbank bezahlen, wenn nicht mit den Banknoten, die sie selbst herstellen darf?

Weiter stehen da die Wechsel, die über Banken an die Buba eingereicht werden. Das sind private Papiere,

Stichwort Daimler-Benz, von denen oben schon die Rede war. Solche Wechsel (Inland, Ausland) sind okay, weil dahinter ordentliche Firmen stehen, die auch ordentlich zahlen und nichts »stehen lassen« oder gar die Zinsen zur Schuld schlagen.

Dann aber kommts. Die beiden Positionen, hinter denen nichts als heiße Luft ist.

1. Forderungen in fremder Währung (sogenannte Devisen und Sorten), was im Klartext heißt: Forderungen direkt oder indirekt an die US-Regierung bzw. an den amerikanischen Steuerzahler, der nicht im Traum daran denkt, jemals zu bezahlen. Neben den Devisen & Sorten gibt's noch eine Position »im Rahmen des europäischen Währungssystems«, was dasselbe in Grün ist, denn kein Staat in Europa bzw. dessen Steuerzahler denkt je daran, etwas zu bezahlen. Das läßt sich alles unter einer Position zusammenfassen.

2. Forderungen gegen den deutschen Staat. Da geht es ganz besonders trickreich zu. Weil nämlich die Deutschen zweimal schon in diesem Jahrhundert ihr Geld verloren haben, weil die Notenbank pleite ging, weil sie lauter »Forderungen« an den Staat in ihren Büchern hatte. Daher ist es streng verboten, dem Staat Geld »auf die Schnelle« zu pumpen. Bund und Länder dürfen nur in ganz kleinem Umfang Kredite bei der Buba aufnehmen, und außer einem Uralt-Posten (»Ausgleichsforderung«) steht da auch praktisch nie was.

Aber:

Das Verbot, den Staat mit Hilfe der Notenbank zu finanzieren, ist lächerlich. Es wird mit Eleganz umgan-

gen. Die Zwei, Staat und Notenbank, haben sich in der Geschichte immer als Hochleistungskriminelle entpuppt. Und immer und überall fällt den beiden Hochleistungskriminellen etwas ein, wie man am Ende doch nicht zahlen muß, was logischerweise Geld und Währung ruiniert.

So auch in der Bundesrepublik Deutschland. Staat und Notenbank haben die Mark des Kaisers ruiniert – die große Inflation 1920–23. Staat und Notenbank haben die folgende Reichsmark ruiniert – die Währungsreform 1948. Danach heilige Schwüre: Es sollte anders werden! Nie mehr das fatale Duo. Doch was geschieht? *Es ist verboten, dem Staat die Kredite direkt zu geben. Die Bundesbank gibt dem Staat die Kredite also nicht mehr direkt. Sondern auf dem Umweg über die Banken.*

Ja, so einfach ist das. Aus dem Duo ist ein Trio geworden: Staat. Notenbank. Geschäftsbank.

Die Geschäftsbank kauft dem Staat seine Schuldurkunden ab (Bundesanleihen usw.). Der Staat hat das gewünschte Bare in der Kasse, um seine Volksbeglükkung zu betreiben und auch, um die Zinsen auf die früheren Schulden zu bezahlen.

Die Geschäftsbank kriegt ihr Geld natürlich nicht vom Sparer. Sondern sie reicht die Schuldurkunde ganz einfach an die Bundesbank weiter. Diese Geschäfte tragen einen hübschen Titel. Sie heißen: **»Kredite an inländische Kreditinstitute – im Offenmarktgeschäft mit Rücknahmevereinbarung angekaufte Wertpapiere«.**

Klartext: Bares an die Bank, damit sie dieses Bare an den Staat weiterreichen kann. Der Buchstabe des

Gesetzes, dem Staat kein Geld direkt leihen zu dürfen, wird nicht verletzt. Denn bei diesem **Offenmarktgeschäft** (= Fachausdruck für Geschäfte mit Staatspapieren) ist ja ausdrücklich die Rede von einem Ankauf »mit Rücknahmevereinbarung«. Es ist also ein sogenanntes »Zeitgeschäft«, und zwar ein ganz besonders perfides. Denn jeder Kredit ist an sich ein Zeitgeschäft. Aber dieses Zeitgeschäft lautet: Ich gebe dem Staat unter keinen Umständen Kredit, auch nicht auf Zeit. Aber ich kaufe den Banken Staatspapiere ab, streng zeitlich begrenzt. Nach der Zeit müssen die Papiere zurückgenommen werden. Das Zeitgeschäft ist nicht der Kredit, sondern der Ankauf von Kreditpapieren.

Das ist es. Man muß nur darauf kommen. *Es ist zwar verboten, dem Staat Geld zu geben.* Wenn man eine Notenbank ist. *Man darf aber den Banken jede Menge Geld geben.* Wobei die Banken dann die staatlichen Zahlungsversprechen als »Sicherheit« hinterlegen und außerdem ausdrücklich vereinbart ist, daß dieses Geschäft nicht »auf Dauer« läuft. Sonst hätte die Buba ja die Staatspapiere ein für allemal angekauft, was gegen das Gesetz ist, und die Chefs der Buba kämen ins Gefängnis, weil sie das ja nicht dürfen, dem Staat Geld direkt geben.

Die Staatspapiere müssen »zurückgenommen« werden. Was du dir so vorstellen mußt:

Bundesbank zur Bank: »Termin ist um. Du mußt die Papiere wieder zurücknehmen. Ich darf, wie du weißt, die Staatspapiere nur vorübergehend als Sicherheit für Geld annehmen, das ich dir gebe.«

Bank: »Klar. Ich komme.«

Bundesbank: »Der neue Kredit liegt selbstverständlich schon bereit.«
Bank: »Ich weiß. Ich laß der Einfachheit halber die Papiere dann gleich bei dir liegen.«
Bundesbank: »Einverstanden. Was sollen wir die Papiere auch groß hin- und herschicken. Kostet nur Spesen. Also der alte Kredit ist hiermit abgelaufen.« (Es ertönt ein Gong.) »Und der neue Kredit hat hiermit angefangen« (Nochmals Gong).
Und so hat sich dieses Geschäftchen entwickelt:
1980: Praktisch null. 1984: 25,7 Mias. Ende 1988: 78 Mias. Also in 4 Jahren verdreifacht.
31. Juli 1989: 102,3 Mias. Also in 5 Jahren vervierfacht. Im Frühjahr 1991: 120 Mias.
Die 1990 veröffentlichte Bilanz der Deutschen Bundesbank umfaßt rund 300 Mias.
Die wichtigsten Positionen auf der Passivseite, das ist also das, was du in der Pfeife rauchen kannst, wenn die Aktivseite nicht mehr sauber ist, zum Beispiel, weil die Staaten umfallen:

Position	**Summe in Mias DM:**
Banknotenumlauf	145
Einlagen inländischer Banken	65
Ausländische Einleger	42
Kapital & Rücklagen	13
Kleinkram	30
Summa:	**295**

Die Aktivseite sieht so aus:		Kommentar:
Gold	14 Mias	Einwandfrei, da es keine Forderung ist, also nicht ausfallen kann. Zu Marktpreisen bewertet, liegt der Goldbestand der Buba bei 60 Mias
Wechsel	58 Mias	Tipptopp, weil die in- und ausländischen Firmen tatsächlich was produzieren und leisten und ergo zahlen und nicht immer nur Geld zeigen oder Zinsen zur Schuld schlagen
Forderungen ans Ausland (»Währungsreserven« u. ä.)	82 Mias	Geld ist todsicher verloren, weil es sich um Forderungen an Staaten handelt, vor allem den US-Staat oder an Staaten in Europa, die allesamt mit ihrer Schuldenwirtschaft dem finanziellen Untergang entgegenschlendern
Forderungen an den deutschen Staat auf dem »Umweg« über Bankkredite, die durch »Wertpapiere mit Rücknah-	102 Mias	Windigst, weil der deutsche Staat eine Schuldenwirtschaft betreibt, die genauso auf den finanziellen Untergang geeicht ist wie die Wirtschaft der USA. Geld fließt an den Staat in klarer Umgehung dessen,

mevereinbarung« gedeckt sind		was der Gesetzgeber mit seinem Verbot von Notenbank-Krediten an den Staat gemeint hat
Sonstige Staatskredite	18 Mias	Auch weg
Kleinkram	21 Mias	
Summa:	**295 Mias**	

Also, Freunde der Deutschen Mark: *Die deutsche Bundesbank hat gut 200 Mias in ihren Büchern stehen, die kein Wirtschaftsprüfer der Welt als »gut« bewerten dürfte.* Denn es sind Forderungen an in- und ausländische öffentliche Hände, die insolvent sind. Sie sind insolvent, weil sie durch ihr Finanzgebaren klipp und klar erkennen lassen: Ich will und werde pleite gehen. Denn ich leiste keinerlei Rückzahlung meiner aufgenommenen Kredite mehr. Dies habe ich noch nicht einmal in den 80er Jahren getan, den Zeiten der großartigsten Konjunktur, die es je gegeben hat. Vielmehr schlage ich die Zinsen zur Schuld.

Wären die Staaten private Betriebe, würden die Wirtschaftsprüfer Forderungen an solche Betriebe sofort aus der Bilanz streichen.

Die in- und ausländischen Staaten sind *insolvent.* Eine Insolvenz ist dadurch definiert, daß sich die Forderungen, die man stellt, letztlich nicht werden realisieren lassen. Wann und wie diese Staaten *illiquide* werden und knallhart ihre Zahlungen einstellen bzw. in wertlosen Papierfetzen zahlen, ist nur noch eine Frage der Zeit.

Wenn aber die Aktivseite der Deutschen Bundesbank

zum größten Teil hinüber ist, dann ist es mit der Passivseite auch nicht mehr weit her – also mit dem »Geld«, das diese Bank als »Banknoten« ausgibt. Diese Noten werden genauso kaputtgehen, wie schon zweimal in diesem Jahrhundert deutsches Geld kaputtgegangen ist.
Aber ist das nicht alles Zahlen-Träumerei? Kommt wirklich schon wieder das Schlimme, Inflation & Währungsreform? Nein, nein! Nichts sieht danach aus. Im Gegenteil. Die D-Mark ist so pumperlgesund wie selten zuvor, wenn man sie mit den Preisen vergleicht. Wir haben praktisch Null-Inflation. Was soll da also sein? Spinnt der? Mit seinem Gerede von der »kaputten« Währung und dem deutschen Geld, das sich wieder mal verabschieden wird?

Zum Abschmecken & Abrunden

Deshalb sollten Sie sich zum Abrunden Ihres Vorgeschmacks aufs Kommende das folgende Szenario zu Gemüte führen:
1. *Es kommt eine Rezession.* Die letzte ist ja schon eine Weile her. Es gibt Stimmen, die sagen: Rezession? So etwas kommt doch nie mehr! Der amerikanische Ökonom **Jude Wanniski** hat solche These im »Wall Street Journal« aufgestellt. Nie mehr eine Rezession? Wenn Sie das im Ernst glauben, müssen Sie endlich aufhören zu lesen. Dann haben Sie schon viel zu viel Mist gelesen. Werfen Sie das Buch sofort in den Müll! Holen Sie sich Ihr Geld vom Autor zurück.

Sie haben weitergelesen? Also: Es kommt doch eine Rezession! Irgendwann.
2. Rezession heißt rückläufiges Sozialprodukt. *Das bedeutet rückläufige Steuereinnahmen.* Da die Staatsausgaben ziemlich festgeschrieben sind, Beamtengehälter lassen sich nicht kürzen, wird das Loch in den Staatsfinanzen größer. Weil eine Rezession zusätzliche soziale Leistungen mit sich bringt, wird das Loch in den Staatsfinanzen sogar sehr groß.
In der letzten Rezession, der zu Beginn der 80er Jahre, stiegen die Defizite der Staatsfinanzen in den USA und in der Bundesrepublik um jeweils rund 60 % an. Der Anstieg war nicht nur ein einmaliges Höherwerden, das dann wieder in sich zusammensackte, sondern ein dauerhafter Schub. Von dem erhöhten Defizit sind die Haushalte der großen Staaten auch im Super-Aufschwung der 80er Jahre nicht mehr heruntergekommen.
Wie werden also die Haushalte in der Rezession der 90er Jahre aussehen? Sie werden einen Schub ins Minus machen, der dann anhält.
Werden die Staatsfinanzen diesen Schub aushalten? Wie sollen 150 oder 200 Mias Staats-Defizite in Deutschland finanzierbar bleiben? Wer soll diese Titel kaufen, womit? Was macht Amerika mit 400 oder gar 500 Mias Defizit? Wenn man dazurechnet, was der amerikanische Staat an Garantien übernommen hat, die im Falle widriger Wirtschaft fällig werden, dann kommt man schnell auf 700 oder 800 Mias. Wer nimmt diese Mega-Summen auf? Die Sparer sind es nicht. Auch nicht die japanischen Versicherungsgesellschaften. Oder sonstige gütige Feen.

Es werden die Notenbanken sein. Die können dann ruhig die Maske fallen lassen. Die müssen dann nicht mehr große Umwegs-Finanzierung betreiben. Die können dann ihre Geldhehlerei offen betreiben. Die Staatskredite *direkt* gegen neu gedrucktes Bargeld in die Schatulle nehmen. Und die Währungen ruinieren. Alle Währungen ruinieren.

Doch bevor es soweit ist, muß es erst die Rezession geben. Am schlimmsten eine richtig fette Rezession, *eine Depression.*

Merke: Je schwerer die nächste Wirtschaftskrise, um so sicherer ist das Geld hin. Denn damit die Wirtschaftskrise nicht so schwer wird, tritt die Notenbank an, druckt Bargeld und ist pausenlos »behilflich« bei den Staatsfinanzen.

Das einzige, was alle Beteiligten dabei erreichen, ist eine immer größere Fallhöhe.

Alt gegen Jung

»Die Parteien sorgen für den Staat,
indem sie für sich selber sorgen.«

Konrad Adam,
»Frankfurter Allgemeine Zeitung«, 14. Juli 1990

Warum lassen wir nicht die Inflation alle Rechnungen bezahlen?

Ein kluger Kopf ist **Jacques Marseille.** Er lehrt als Wirtschaftsprofessor an der Sorbonne, Frankreichs feinster Universität. Sein Buch »Vive la Crise, vive l'Inflation« (Es lebe die Krise, es lebe die Inflation – 1983) hat Furore gemacht. Darin trägt Marseille die These vor, Zeiten der Inflation seien stets auch Zeiten des hohen Wohlstands gewesen.

Wunderbar! Inflation läßt sich unschwer produzieren. Also kann es nur noch Zeiten großen Wohlstands geben!

Dies ist ganz richtig, solange die Inflation nicht ihr »Runaway-(Weglauf)-Stadium« erreicht hat und die Preise noch nicht in südamerikanischem Tempo enteilen. Denn *Inflation* bedeutet, wie ich in »Der Kapitalismus« nachgewiesen habe, *nichts als einen Haufen unbezahlter Rechnungen.* Nur wer etwas kauft, kann eine Rechnung hinterlassen. Wer nichts kauft, macht keine Rechnungen. Nur wer kauft, bringt das Sozialprodukt voran. Nur wer eine Rechnung hinterläßt, kann eine unbezahlte Rechnung hinterlassen.

In der Inflation wird nicht einfach Geld »gedruckt«. Das ist eine ganz alberne Vorstellung. Sondern in der Inflation werden mehr Schulden gemacht (ungedeckte Schecks geschrieben), als gleichzeitig Sozialprodukte (z. B. Fernseher) entstehen.

Inflation ist wie eine Versteigerung, in der alle Teilnehmer am Ende die ersteigerte Ware mit nach Hause nehmen dürfen, ohne bezahlen zu müssen. Also überbieten sie sich gegenseitig immer mehr – mit ihren

Schecks, die nicht gedeckt sind. So steigen die Preise für die versteigerten Güter (Fernseher). So wird das Sozialprodukt (Fernseher) verglichen mit den Schecks, mit denen das Publikum durch die Gegend fuchtelt, immer weniger und – ergo teurer.
Die Inflation am Kunstmarkt begann so richtig erst, als die großen Auktionshäuser ihren Kunden Kredit einräumten. So kriegte der australische Bierbrauer **Alan Bond** die »Schwertlilien« von van Gogh in sein Zimmer gehängt, obwohl er den Preis (mehr als 50 Mios DM) noch nicht bezahlt hatte. Bonds Freund, der Sotheby's-Inhaber **Alfred Taubman,** stundete. Und weil Bond wußte, daß Taubman stunden würde, konnte er entsprechend höher bieten.
Das mit dem Stunden von Zahlungen ist ein wunderschöner Sachverhalt. Und die einzige Erklärung für Inflation. Und jeder ist zufrieden. Die Hersteller von Fernsehern sind ebenso entzückt, weil ihr Geschäft boomt, wie das Auktionshaus Sotheby's entzückt war, weil es einen neuen Weltrekord für ein Gemälde melden konnte. Die Käufer von Fernsehern sind ebenso begeistert, wie Bierbrauer Bond begeistert war, obwohl sie sich die Geräte ebensowenig leisten konnten wie Bond die »Schwertlilien«, doch – siehe die Schulden – es ging!
Inflation hat allerdings immer ein Nachspiel. Es beginnt, wenn die unbezahlten Rechnungen fällig werden. Der Fernseher-Fabrikant hat gegen ein Zahlungsversprechen verkauft. Will er sich das einrahmen lassen? Was macht Taubman mit Bonds lieben Telefaxen, in denen er vertröstet wird? Wird er sie versteigern?

Nein, alle wollen am Schluß natürlich auch eine Leistung haben. Eine Zahlung, damit sie sich wiederum selbst etwas kaufen oder anstehende Rechnungen bezahlen können. Allerlei ist offen: Löhne, Gehälter, Rechnungen für TV-Gehäuse und der Einlieferer der Schwertlilien steht auch auf dem Schlauche.
Unbezahlte Schecks wandern schnell von Hand zu Hand, wie der Schwarze Peter beim Kartenspiel. Bloß: Immer bleibt einer übrig, der noch nicht bedient ist, wie schnell auch das Geld die Hände wechselte.
Der noch nicht Bediente kann nicht ewig mit einem Zahlungsversprechen getröstet werden. Womit also trösten wir ihn?
Der Trost ist das Zahlungsversprechen plus Zinsen. Der noch nicht Bediente wartet ja auf Ware, die möglicherweise teurer wird, während er wartet. Also muß er dafür entschädigt werden. Auf etwas zu warten, das er sich nachher möglicherweise nicht leisten kann – ein schrecklicher Gedanke.
Damit ist erklärt, warum in der Inflation immer auch die Zinsen steigen. Und nach den Zinsen wieder die Preise. Weil es das Ventil der steigenden Zinsen gibt, durch das sich der angestaute Unmut der auf Zahlung Wartenden entladen kann, wird die Stunde der Wahrheit (= der Zahlung) durch weitergeschobene und zusätzliche Zahlungsversprechen immer weiter hinausgezögert. Deshalb halten sich Inflationen auch immer so verflucht lange.
Irgendwann aber kippt die Kiste dann doch. Warum? Weil der Prozeß: Mehr Schulden machen als leisten und die Schuldscheine durch immer höhere Zinsen

immer weiter vor sich herschieben, an irgendeiner Stelle zerreißt.
Wo reißt der Prozeß?
Nicht beim Zinsenschieben. Gewiß werden die Leute unwillig, weil sie keine Ware sehen, und die Ware, die sie sehen, immer teurer wird. Doch der Unwille vergeht flugs, man muß ihnen nur einen entsprechend höheren Zins bieten, dann warten sie doch noch ein bißchen länger.
Das Spiel mit steigenden Preisen und steigenden Zinsen ist wie das Spiel mit dem Heuballen, der vor dem Esel hergehalten wird, damit er weitertrottet im Kreis und die Mühle treibt. Der Heuballen muß nur immer größer werden. Wie groß muß der Heuballen werden?

Die Gier und die Glocke

Die menschliche Gier ist grenzenlos. Ein Mensch steht unmittelbar davor, zu verhungern und zu verdursten. Dann sagt ihm jemand, wenn du nur noch ein klein bißchen länger wartest, bis du Hunger und Durst stillen darfst, dann steht vor dir ein noch viel schöneres Essen und ein noch viel kühlerer Trank. *Der Mensch wird immer noch ein bißchen länger warten.*
Der Mensch ist auf Belohnung dressiert, wie der pawlowsche Hund auf den Ton der Glocke. Wenn es heißt: du mußt nur lange genug und intensiv genug verzichten, dann hast du es ein für allemal überstanden, dann verzichtet der Mensch intensiv, bis zur Selbstaufgabe.

Ohne diesen Mechanismus gäbe es keine Religion, keine Mönche und schon gar nicht Heilige und Märtyrer. Niemand stellt sich in die Arena und läßt sich für seinen »Glauben« zerfleischen, wenn der Glaube nicht konkret verheißt: Du wirst an der Seite Gottes sitzen, wenn du dich jetzt zerreißen läßt.
Die Truppen der Ayatollahs zogen nicht in den Krieg gegen den waffentechnisch überlegenen Irak, weil sie »gute Moslems« waren. Sondern weil sie konkret daran glaubten, nach dem Kopfschuß ins Paradies einzugehen. Was ist schon ein Kopfschuß gegen das Paradies?
Den irakischen Soldaten verhieß ihr Führer ebenfalls den unmittelbaren Übertritt ins Paradies, wenn sie sich nur schlachten ließen. Einige ließen sich auch schlachten. Andere hörten auf, an ihren Gott zu glauben, denn der Lärm, den die ungläubigen Hunde alias die Alliierten mit ihren Bomben machten, war dann doch zu stark.
Es ist wie bei Schillers »Jungfrau von Orléans«: Kurz ist der Schmerz, doch ewig währt die Freude. Also überläßt sich die Jungfrau bereitwillig dem Schmerz, verbrannt zu werden.
Und genau nach diesem Muster ist die Inflation gestrickt. *Die Schuldenschiebe geht und geht, solange jeder an das Mehr glaubt, an Schöneres und Besseres.* Von dort also droht keine Gefahr.
Die große Gefahr ist die Bereitschaft, überhaupt noch neue Schulden zu machen – nicht bloß die alten weiterzuschieben.
Weil die alten Schulden weitergeschoben werden (sonst würde Inflation nicht funktionieren), steigt der

Zins. Aber dieser Zins ist ein siamesischer Zwilling. Er gilt für die **alten** Schulden und deren Weiterschiebe. Der Zins gilt aber auch für die Aufnahme ganz **neuer** Schulden.
Da kommt dann ein Punkt, an dem jemand, der neue Schulden machen möchte, zu sich sagt: Mein lieber Schwan, zu diesen Zinsen geht das nicht. Bei dieser monatlichen Belastung kriegst du dein Haus nicht fertig; bei diesem Zins ist der neue GTI außerhalb der Reichweite. Bei diesem Zins (der, notabene, *nur* durch die Weiterschiebe der alten Schulden so hoch gestiegen ist) hast du keine Chance, die Produkte deiner neuen Fabrik so zu kalkulieren, daß du hinkommst; bei diesem Zins hat es keinen Sinn, neue Leute einzustellen (Löhne werden bekanntlich auch vorfinanziert); es empfiehlt sich eher, die Leute zu entlassen.
Jede Inflation wird deshalb über den Zins abgewürgt. Der Zins bricht ihr das Genick. Über kurz oder lang. Nicht der Zins für die alten, sondern der für die neuen Schulden. Merke: Inflation ist Schuldenmachen plus Weiterschieben des Schuldenmachens, bis die Kosten (= Zinsen) für das Weiterschieben so hoch sind, daß sich keiner mehr findet, der neue Schulden macht. Ohne Schuldenmachen aber keine neue Nachfrage = die Preise steigen nicht mehr steil, sie stagnieren, dann brechen sie zusammen.

Was kommt nach der Inflation?

Danach wird's bitter.
1. Stufe: *Das zusätzliche Neu-Schuldenmachen stockt.*

Konkret: Keine Investitionen mehr, es werden Leute entlassen. Die Stimmung kippt. Der Absatz stockt. Die Krise ist da. »Stockung« nannten das die Volkswirte noch bis ins 20. Jahrhundert, und man sieht es richtig vor sich, wie alles langsam stehenbleibt, wie beim Verkehrsstau. Vorne ist einem Auto der Sprit ausgegangen. Es bleibt mitten auf der Fahrbahn stehen. Mitten drin gehen sie vom Gas, ganz hinten sind sie noch in vollem Tempo.

2. Stufe: *Jetzt werden entsetzlich viele Schuldscheine fällig.* Immer mehr. Jedermann muß sich Liquidität besorgen. Wie macht man das? *Man muß verkaufen.* Aber nicht mehr nur die Neuproduktion. Sondern auch das alte. So fallen die Preise für Kunst, für Gold, für Schmuck, vor allem die Preise für *Immobilien. Keiner kann es glauben. Eben stiegen doch die Preise noch, weil zuwenig Ware da war. Jetzt fallen sie, weil zuviel Ware da ist.* Die Zeit der steigenden Preise ist die Deflation. »Deflare« lateinisch: Luft rauslassen. Nach einer richtigen Inflation läßt sich die Luft nicht leicht und langsam aus dem Ballon lassen. Sie entweicht vielmehr mit einem Knall. Deshalb fallen die Preise nach der Inflation so ansatzlos, schnell und überraschend. In der Inflation steigen die Preise am Anfang dagegen eher moderat. Ich habe den Unterschied zwischen Inflation und Deflation und den Mechanismus steigender und fallender Preise ausführlich dargestellt (z. B. in »Cash – Strategie gegen den Crash«).

Der Umschlag von der Inflation zur Deflation geht schnell. Zur Jahresmitte 1990 hatte der größte europäische Grundstücksfonds, der holländische Rodamco, noch von »guten Geschäften« gesprochen und daß alles sich planmäßig entwickle. Im Oktober 1990 stellte er die Rücknahme seiner Zertifikate ein. Plötzlich waren die Grundstücke nicht mehr verkäuflich. Der Fonds konnte die Anleger, die ihr Geld wiedersehen wollten, nicht mehr bedienen. Die Amsterdamer Börse wurde in ihren Grundfesten erschüttert. An den Immobilienmärkten von London über Tokio bis New York straucheln die Giganten. Die Gebrüder **Bronfman** und **Reichmann,** erzschlaue Immobilien-Juden, wackeln ebenso wie der publicity-geile Arier **Donald Trump.** Die Deflation kennt keine Rasse, keine Religion. Sie ist ein Killer, der unterschiedslos metzelt.

Läßt sich die Deflation denn nicht vermeiden?

Doch, selbstverständlich! Aber dann wird es ein ganz, ganz heißer Lauf.

So geht's: Sobald der deflationäre Prozeß beginnt (und er ist unausweichlich nach der Logik des Einmaleins, wenn auch unbekannt bleibt, wann er startet), muß der Staat sagen: Ich bin schon da – **ich** kaufe.

Also: Leute werden entlassen: Der Staat stellt sie ein, Oder wenn er sie nicht einstellt, dann zahlt er ihnen ein Arbeitslosengeld in etwa der Höhe der bisherigen Bezüge. Wenn die Immobilien krachen: Der Staat kauft sie auf und rettet Reichmann, Bronfman und den schönen Donald. Fallen die Preise für Picassos: Der Finanzminister sitzt im Auktionssaal und bietet höchstpersönlich. Nimmt Rodamco seine Fondsanteile nicht mehr zurück: Bitte beim Finanzamt einreichen. Dort gibt's sofort Bares. Fallen gar die Aktienkurse? Der Staat kauft alle Aktien auf, damit es nur ja keine Baisse, keinen Kurssturz, keinen Crash gibt. Alles ganz einfach. Alles paletti. So könnte der Staat alle Preise garantieren. Diese Probleme aber entstehen:

1. Wann soll/darf der Staat die *Garantien* abgeben. Garantiert der Staat z. B. die Aktienkurse, würden sie ins Unendliche schießen, denn sie könnten ja nie mehr fallen.

2. Selbst wenn der Staat *Limits setzt* (»20% unter dem jeweiligen Höchstpreis steige ich ein!«), ist es dasselbe. Die Banken würden eine Versicherung gegen die 20% Kursverfall anbieten (das geht mit Hilfe von Optionen), und die Kosten dieser Versicherung sind sofort wieder eingespielt, weil man die Kurse immer weiter treibt.

Beispiel: Daimler steht auf 1000. Der Bund kauft zu 800 (Staatsgarantie). Die Versicherungsprämie gegen die 200 Mark Kursverlust beträgt 100 DM. Daimler steigt auf 2000. Die Versicherungsprämie ist drin. Netto bleiben 900 Mark Gewinn. Der Bund kauft zu 1600. Selbst wenn ich nur diesen Kurs erziele, habe ich 500 DM nettissimo gewonnen. 1600 – 100 – 1000 DM!

3. *Es hat keinen Sinn, wenn der Staat Kurse, Preise usw. garantiert.* Sowenig wie es an der Börse funktionieren würde, hat es in der Landwirtschaft funktioniert (Butterberge).

4. Kommen wir zur Finanzierung. Wo kriegt der

Staat das Geld her, um seine Stützungskäufe zu bezahlen. Auch die Vergabe von Arbeitslosengeld ist ein Stützungskauf. In dem Fall kauft der Staat Arbeitskraft.

Der Staat kann das Geld über höhere Steuern einziehen. Man wird die Politiker fragen: Wozu höhere Steuern? Sie werden damit nicht durchkommen. Die Börsenspekulanten sollen gefälligst ihre Verluste selber tragen, die Arbeitslosen sollen gefälligst arbeiten und nicht faul herumhängen. Der Steuerzahler arbeitet schließlich auch.

Also wird sich der Staat das Geld leihen. Nimmt er es auf dem Kapitalmarkt auf (»10%-Anleihe zur Börsenstützung 1992/I. Tranche«), dann treibt er die Zinsen in die Höhe. Resultat: Es liegt die Wirtschaftstätigkeit noch mehr darnieder. Die Börse fällt noch weiter. Hohe Zinsen sind Gift für die Börse. Alle gehen lieber in sichere staatliche 10%er, als Daimler-Aktien zu halten, die sich nur mit 4% verzinsen. Denn die Aktien steigen ja jetzt nicht mehr. Zum Schluß hat der Staat alle Daimler-Aktien, ihm gehört die Firma, die sich zu 4% verzinst, wenn nicht dann nur noch mit 2% oder gar mit Null, weil keine Dividende mehr gezahlt wird, wegen der heftigen Rezession, die dahergekommen ist. Und für die bestenfalls 4%-Verzinsung hat der Staat jetzt 10%-Anleihen zu bedienen. Er verliert jährlich 6% mal Summe. Woher das Geld, lieber Staat?

Der Staat muß noch mehr leihen. Die Zinsen steigen weiter, obwohl sie eigentlich sinken müßten, damit die Börsenkurse sich wieder erholen, damit mehr investiert wird.

Wir erleben das Phänomen des »steigenden Realzinses«. Klartext: Das Geld, das echt (real) verdient werden muß, wird immer mehr. Seit dem Börsen-Crash von 1987 steigt der Realzins weltweit. In Deutschland hat er zu Beginn der 90er Jahre 6 bis 7% erreicht. Das Geld kann kein Mensch mit ehrlicher Arbeit verdienen.
Der hohe Realzins killt die Wirtschaft, zwingt den Staat, mehr Geld aufzunehmen, was die Zinsen noch steiler treibt. Wohin kann das gehen?
Antwort: In einer richtigen Depression, einer Krise, die viel schlimmer ist als bloß eine Rezession, steigt der Realzins auf 10%, dann auf 15, schließlich auf 20%. Das geht, weil die Zinsen zwar bei 8 oder 10% zur Ruhe kommen, die Preise aber fallen.
In der Wirtschaftskrise der 30er Jahre, der schwersten Depression, die Deutschland je erlebte, stiegen die Realzinsen sogar auf 24%. Dann war jeder Ofen aus. 6 Mios Arbeitslose. Hitler.
5. Kann denn der Staat das Geld nicht bei der Notenbank holen, ohne den Kapitalmarkt in Anspruch nehmen zu müssen?
Klar geht das. Denn die Bundesbank gehört dem Bund. Sie darf zwar »auf die Schnelle« dem Bund nur 6 Mias Kassenkredit geben. Aber das Gesetz läßt sich ändern oder umgehen. Der Bund schiebt Banken vor, die ihm das Geld besorgen. Er leiht sich das Geld bei den Banken, und die gehen dann zur Notenbank und holen sich das Geld zurück. Mit den staatlichen Schuldscheinen als Sicherheit.
Diese Nummer läuft schon. Die Bundesbank umgeht das harte Gesetz, dem Staat kein Geld zu leihen,

indem sie den Banken Geld gibt. So sehen wir in der Bundesbank-Bilanz für 200 Mias DM »im Offenmarktgeschäft mit Rücknahmevereinbarung angekaufte Wertpapiere«. Wir hatten diese 120 Mias schon im Kapitel bei der wunderbaren Geldvermehrung.
Das Problem ist damit aber nicht aus der Welt. Denn die Notenbank verlangt auch vom Staat Zinsen (oder von den Banken, die ihr Staatstitel zur »Beleihung« geben). Das Finanzproblem wird durch Zinseszins immer größer. Eine Schuld mit 10% Zinseszins verdoppelt sich in 7 Jahren, vervierfacht sich in 14 Jahren. In 21 Jahren ist es eine achtfache Schuld. Es gibt keine Volkswirtschaft, die im Durchschnitt heute achtmal soviel verdient wie vor 21 Jahren. Die Schulden wachsen also schneller als das Sozialprodukt, als das, was alle leisten. Leisten können.

Der Zahltag kommt mit Vehemenz daher

Dann wird der »zinslose Notenbankkredit« eingeführt. Der Staat zahlt einfach, ohne für die Mittel, die er fürs Zahlen nimmt (»Liquidität«), Zinsen zahlen zu müssen. Dann brechen die Schleusen auf. Es beginnt die Hyperinflation. Diesmal aus dem Stand. So wie eine normale Inflation immer in eine Deflation umschlägt. So kann (muß nicht!) aus der Deflation/ Depression die Hyperinflation starten.

Wieso denn Hyperinflation?

Stellen Sie sich vor, Sie könnten in jedes Geschäft gehen und kaufen nach Herzenslust. Sie müßten zwar Schulden machen, müßten dafür aber keine Zinsen zahlen. Und wenn die Bank kommt und sagt: »Rückzahlung!«, dann können Sie antworten: »Stehenlassen!« Und Sie fahren fort: »Noch mehr bitte!« Und die Bank legt Ihnen wieder Geld auf den Tresen, und Sie können noch mehr kaufen. So startet eine Hyperinflation.

Es gibt also nach einer Inflation nur 2 Alternativen: Deflation mit allen ihren schrecklichen Folgen, wie Not, Elend, Arbeitslosigkeit, Umsturz. Oder Hyperinflation, weil kein Mensch die Deflation aushält. Dann ist alles Geld hin, alle Ersparnisse, alle Renten, alle Lebensversicherungen.

Deflation oder Hyperinflation. Was Drittes gibt es nicht.

Deflation heißt: Die Gläubiger sind stärker. Sie zwingen die Schuldner zur Zahlung.

Inflation heißt: Die Schuldner sind stärker. Sie bezahlen die Gläubiger mit wertlosen Papierfetzen.

Wer sind die Inflationisten?
Wer die Deflationisten?

Fangen wir mit dem einfachsten an, dem, was wir täglich tun: Wohnen.

Niemand erwartet die Inflation sehnsüchtiger als der *Hausbesitzer*. In Deutschland gibt es 14 Mios Häuser,

und die Summe aller Kredite für den Wohnungsbau liegt bei 800 Mias, 540 Mias davon sind Hypotheken auf Wohngrundstücke.
Wenn Sie sich ein Haus für 300 000 Mark gekauft haben. Stolz. Schmuck. 8% Hypothek. Laufzeit 20 Jahre. Wenn die 20 Jahre um sind, haben Sie für Ihr Häuschen 500 000 Mark bezahlt.
Nehmen wir an, die Häuserpreise fallen. Wenn Sie Ihr Häuschen bereits bezahlt haben, kann es Ihnen egal sein, wenn Sie aber 8% jährlich in ein Faß schütten müssen, dessen Boden immer tiefer sinkt – was dann? Sie können abbrechen, ausziehen und wieder zur Miete wohnen. 8% von 300 000 sind monatlich 2000 Mark und Sie können vielleicht eine Wohnung finden, die nur 1000 Mark Miete kostet. Dann haben Sie zwar zum Schluß kein Häuschen. Aber Sie müssen sich auch nicht ärgern, daß es nur noch 200 000 Mark wert ist und außerdem Reparaturen für 100 000 anfallen.
Sie sagen der Bank: Sie möge sich aus der Immobilie bedienen, Sie sind verschwunden. Sie haben Pech. Denn 1. bedient sich die Bank aus Ihrem sonstigen Vermögen, sie kann alles, was nicht pfändungssicher ist (bis 760 DM), beschlagnahmen und Ihnen wegnehmen: Auto (falls es nicht auch auf Pump oder Leasing läuft und sowieso schon einer Bank gehört), Münzsammlung, Ihre Black & Decker, den Schmuck Ihrer Frau.
2. bedient sich die Bank aus Ihrem laufenden Einkommen (Lohn, Gehalt). Sie kriegt raus, wo Sie wohnen, dann kriegt das Lohnbüro eine Pfändungsverfügung. In großen Lohnbüros laufen Tausende von solchen Pfändungen. Ihnen bleibt ein erschüt-

ternder Rest. Sie können sich die neue Wohnung nicht leisten, müssen raus. Die Ehe kriselt. Die Kinder werden in der Schule gefragt, warum sie immer mit den gleichen Sachen kommen. 3. Wenn Sie richtig Pech haben, müssen Sie sich die Schuld, aus der Sie geschlüpft sind, auch noch als Einkommen anrechnen lassen.

Die wichtigsten Deflationisten? Die alten Menschen. Ihr Haus ist bezahlt. Die Alten haben nur noch ganz geringe Möglichkeiten, ihr Einkommen zu steigern. Die »dynamische« Rente wird im Fall einer Wirtschaftskrise mit vielleicht noch 0,5 % pro Jahr erhöht. Und dann gar nicht mehr. Käme jetzt die Hyperinflation, würde das Leben so schnell teurer werden, daß die Alten verhungern. Die Renten würden erst sehr viel später und viel niedriger angehoben.

Es heißt immer, die »Sparer« sind die wichtigsten Deflationisten. Weil sie nicht wollen, daß ihre Guthaben entwertet werden. Das ist nicht zu Ende gedacht. Denn es sind nicht die Sparer als solche, sondern Sparer, die vom Ersparten leben müssen.

Worauf läuft also das ganze hinaus, wenn die Inflation zu Ende ist und die Krise startet und man die Möglichkeit hat, sie durchzustehen, also die Deflation zu riskieren oder sie per Hyperinflation zu beenden? (Ganz abgesehen davon, daß einer Hyperinflation natürlich wieder eine Krise folgt, wir sehen das gerade in Südamerika: Kaum ist, wie in Argentinien oder Brasilien, eine Hyperinflation gebrochen, kommt eine schwere Krise übers Land; auch nach einer Hyperinflation kann es so etwas wie eine »Stabilität« nicht geben.)

Deflation und Krise oder Hyperinflation und Geld kaputt?

Inflationisten sind Verschieber

Inflation ist der Versuch, seine Rechnungen nicht zu bezahlen, indem man den Zeitpunkt der Regulierung immer weiter *hinausschiebt.*
Oder anders: Man macht immer schneller immer höhere Schulden, um immer später zahlen zu müssen.
Ihren gegenüber stehen die *Vollstrecker.* Sie lassen sich nicht mit vagen Versprechungen abspeisen. Sie bestehen auf Leistung. Zahlung heißt bei ihnen nicht Verschiebung, nicht später, später. Sondern: jetzt!
Verschieber spielen auf Zeit, weil sie Zeit haben. Sie sind daher jung.
Vollstrecker können nicht auf Zeit spielen, weil sie keine mehr haben. Sie sind alt.
Deutschland ist überaltert. Es ist daher unschwer zu sehen, daß die Ära der Verschieber von der Ära der Vollstrecker abgelöst wird.
Es läuft auf einen Kampf Alt gegen Jung hinaus. Den gewinnen bekanntlich die Stärkeren. Also die Jungen. Doch was wollen die Jungen mit ihrer Kraft?
Die Jungen sind doch die Verschieber, die Alten die Vollstrecker. In der Theorie. In der Wahrheit, die jetzt anbricht, werden die Alten die Verschieber und die Jungen die Vollstrecker sein, weil die Alten schwach sind und die Jungen stark.
Der kommende Held wird ein **Augustus** sein. Stark und skrupellos – der ideale Vollstrecker. Jung und

reich, daher der ideale Verschieber. Als Augustus nach Caesars Tod die römische Überschuldungskrise bereinigte, merzte er die Alten & Reichen aus. Er fuhr von Stadt zu Stadt und ließ sie hinrichten. Da zeterten die alten Reichen, doch Augustus sprach die Worte: »Es muß gestorben werden.« Und die Reichen starben. Augustus meinte es nicht persönlich. Er wollte bloß die Guthaben der Reichen zum Verschwinden bringen. Die Guthaben, deren gleich hohe Schulden die schwere Krise verursacht hatte, an deren Folge die römische Republik todkrank darniederlag und dann für immer verschwand.

Fragen tun sich auf wie Schluchten.

1. Wann ist es endgültig soweit? Antwort: Keiner kennt den Tag, keiner kennt die Stunde.

2. Wann werden die Vollstrecker mit der Tatsache konfrontiert, daß sie früher selbst Verschieber waren, daß also die Vollstreckung in die eigene Tasche zu geschehen hat? Wann werden die Alten für ihre in jungen Jahren aufgehäuften Schulden zur Rechenschaft gezogen? Und wie?

3. Wer wird den Generationen-Kampf gewinnen? Die Alten, weil sie die Schaltstellen der Macht besetzen? Die Jungen, weil sie das Zeug und die Kraft zur Revolution haben, zur Aufkündigung des »Generationen-Vertrages«? Vielleicht sogar zum Alten-Mord?

Falls Sie glauben, das ganze liefe gewaltfrei ab, dann beugen Sie sich über das Grab des **Detlev Karsten Rohwedder.** Mit dem Mord am Chef der Treuhand ist nicht etwa ein neues Kapitel des hergebrachten Terrors in der BRD aufgeschlagen worden. Rohwedder

steht nicht in der Reihe der Ponto, Schleyer, Zimmermann, Beckurts, Herrhausen.
Rohwedder stand inmitten vieler Aktiva und Passiva. Passiva sind Schulden: Schulden der Familienväter, die ihre Lieben nicht mehr durchfuttern konnten, weil sie arbeitslos waren, Schulden der bankrotten DDR-Betriebe, Schulden, die im Westen immer schneller aufgelaufen sind, weil immer mehr Betriebe geschlossen werden mußten.
Der Mord an Rohwedder ist der offene Ausbruch der Schuldenkrise. Mitten in Deutschland.
Die deutsche Schuldenkrise ist ein Teil der Welt-Schuldenkrise. Sie wird viele Opfer fordern. Früher waren die Juden die ersten Opfer der Schuldenkrisen. Diesmal werden es die Manager sein, die Eintreiber, die Vollstrecker, die in der Volksmeinung als »herzlos« dastehen, als »hartleibig« gelten.
Bald werden wir mehr davon lesen. Wenn es ganz schrecklich wird. In den »Bekennerbriefen« der RAF.

Kassensturz und König Midas

»Seit 40 Jahren reden wir über die
Wiedervereinigung und ›macht das Tor auf,
die Mauer muß weg‹, und jetzt,
›aber es darf nichts kosten‹.
Das finde ich doch eine etwas schäbige Attitüde.«

Karl Otto Pöhl, Bundesbank-Chef, im August 1990

»Die deutsche Währungsunion ist ein Desaster«

Karl Otto Pöhl im März 1991

Großdeutschland, Carl Zimmerer und das Wieselwort »sozial«

Pessimistische Variante: Wir werden immer ärmer.
Zu den Tollheiten, die gegenwärtig die Runde machen, gehört die Vorstellung, die Bundesrepublik Deutschland sei reich. Über diese Vorstellung hat sich im November 1990 ein Mann lustig gemacht, der für seinen subtilen Zynismus geschätzt ist: **Carl Zimmerer,** Geschäftsführender Gesellschafter der Interfinanz GmbH, Düsseldorf. Zimmerer handelt mit Unternehmen, er weiß also ziemlich gut und genau, was wirtschaftliche Dinge wert sind, und vor allem: wie man sie bewertet.
Carl Zimmerer schreibt in einem Beitrag für die »Wirtschaftswoche« unter dem Titel »Kassensturz machen«: »Wäre die Bundesrepublik eine Aktiengesellschaft, so würde niemand ihre Anteile kaufen, denn er kennt weder ihre Aktiva noch ihre Passiva.«
Ein vernichtendes Urteil: *Die BRD ist nichts wert.*
Oder ist da noch mehr? Hat die Bundesrepublik Deutschland gar Verpflichtungen, also Schulden, die höher sind als ihre Guthaben, besser: als alle Gutschriften, die sie noch zu erwarten hat?
Wie herausfinden? Carl Zimmerer fordert eine jährliche Vermögens-Schulden-Rechnung und eine jährliche Gewinn- und Verlust-Rechnung auch für den Staat. Sie findet nicht statt.
Carl Zimmerer rechnet ein wenig herum und schreibt dann: »**Wir zahlen blinden Auges, und wir gerieren uns in aller Welt wie eine finanzielle Großmacht,**

obwohl unsere internen Schulden wahrscheinlich höher sind als zwei oder drei jährliche Sozialprodukte.« Das jährliche Sozialprodukt ist die Summe aller Leistungen, die erbracht wurden. Das Sozialprodukt (brutto und zu laufenden Preisen, wie es also gerade kommt) erreicht 1991 in der Altrepublik so um die 2,5 Bios, in Großdeutschland vielleicht knapp 3. Unsere *internen Schulden* liegen laut Zimmerer demnach bei mindestens 5, maximal 9 Bios DM. Das ist ein Haufen Holz. Pro Kopf aller Bundesbürger sind das mindestens 62 500, maximal 112 500 DM.

Was heißt 112 500 DM? Das heißt: Auf jeden Bundesbürger kommen Zahlungen in dieser Höhe zu, sofern die Bundesrepublik, die gemeinsame Verbuchungsstelle aller Deutschen, den Betrag pro Kopf umlegt.

Aber von welchen Verpflichtungen hat Carl Zimmerer überhaupt gesprochen? Er schreibt: »Ich meine damit die alten Verpflichtungen aus der Sozialversicherung und den Beamtenversorgungen.« In Deutschland leben immer mehr Rentner und alte Leute. Die internen Verpflichtungen kann man also nicht pro Kopf umlegen, sondern nur auf diejenigen, *die im Arbeitsleben stehen.* Wenn wir die Zahl der Beschäftigten, also all jener, die etwas zum Sozialprodukt beitragen können, indem sie in die Hände spukken, leisten und produzieren, mit 30 Mios ansetzen (Ost und West), dann kommen wir auf viel höhere Beträge. Dann macht das pro Kopf 300 000 DM aus. Das muß nicht alles auf einmal gezahlt werden, sondern anteilig. Was halt pro Jahr so anfällt. Nehmen wir den Maximalbetrag von 9 Bios (= interne Zimmerer-Verschuldung total), dann fließen davon pro Jahr mindestens 5 % ab. Macht pro Kopf 15 000 DM. Klartext: Jeder im Arbeitsleben Stehende muß monatlich 1250 DM zahlen, um die »internen Schulden« des Carl Zimmerer abzuzahlen.

**Das war aber erst das Hors d'Œuvre,
der Opener, die Ouvertüre.**

Zu Zimmerers internen Schulden kommen die offen ausgewiesenen, die *Staatsschulden* (Bund, Länder, Bahn, Post usw.). Das sind 1,2 bis 1,5 Bios, je nach Sicht (mit oder ohne Ex-DDR) also ein halbes Sozialprodukt. Dann kommen dazu: Die *Kosten für den Aufbau der 5 Bundesländer.* Diese Kosten sind Verbindlichkeiten, die schon heute feststehen. Denn das Grundgesetz schreibt die »Gleichheit der Lebensbedingungen« zwingend vor, also kann man die Ex-DDRler nicht so hausen lassen wie bisher. **Für die Angleichung der Lebensbedingungen ist mindestens ein weiteres halbes Sozialprodukt fällig.**

Zusammen haben wir also ein weiteres Sozialprodukt am Wickel, wovon allerdings pro Jahr mehr bezahlt werden muß. Der durchschnittliche Zinssatz der Staatsschulden liegt zwischen 7 und 8 %, für die DDR muß der Gesamtbetrag in Jahresraten von mindestens 15 % abgerufen werden. Denn länger als 7 bis 8 Jahre wollen die Ossis nicht warten, bis sie sich dem Lebensstandard der Wessis angenähert haben.

Also 7,5 % und 15% jeweils vom halben Sozialprodukt von 3 Bios macht jährlich 337,5 Mias DM. An dieser Summe führt kein Weg vorbei, es sei denn, der deutsche Staat stellt seine Zinszahlungen ein oder er bricht die Verfassung.

Macht pro Jahr und Kopf des Werktätigen 11 250 DM, monatlich also knapp einen weiteren Tausender. Dann kommen die sogenannten *»gesetzlich feststehenden Ausgaben«*. Die machen mindestens 80% der Haushalte von Bund, Ländern und Gemeinden aus. Die Ausgaben laufen unter »Staatsverbrauch«. Klartext: 4 von 5 Mark, die der Staat verbrät, müssen so oder so ausgegeben werden (Löhne, Gehälter, laufende Kosten für den Staatsapparat, fixe Sachausgaben, die keine Investitionen sind, Subventionen, Finanzierungshilfen, die schon festliegen). Das sind mindestens 600 Mias DM pro Jahr.
Pro Werktätigem, vom Boß bis zum Pförtner, macht das 20 000 pro Jahr oder 1666 DM im Monat.
In dieser Summe stecken übrigens auch die *Zahlungen an die weite Welt,* die sich »Entwicklungshilfe« nennen und die sich nach heiligen Schwüren vor der UNO und vor anderen internationalen Gremien auf 1% des Sozialprodukts belaufen sollten, die aber immer so bei 0,75% davon steckenbleiben. Was beiläufig 70 bis 80 DM pro Monat ausmacht. Peanuts.
Dann kommt da noch *das Unvorhergesehene.* So wie der Golfkrieg, der den deutschen Zahlmeister 18 Mias DM gekostet hat. 3 Mias DM waren Zahlungen an die armen Anrainerstaaten (Türkei, Ägypten, Israel usw.). 15 Mias DM gingen an die Amerikaner, Briten usw. als Beitrag zu den Kriegskosten. Sollen wir uns freuen, daß wir solch prächtige Armeen, wie die amerikanische und die britische (und die Fremdenlegion und die ägyptische und die marokkanische usw.), als *Söldner* beschäftigen dürfen? Oder sollen wir weinen, weil wir nicht Manns genug waren, ein paar

eigene Kompanien und Flugzeugstaffeln gegen die angeblich viertgrößte Armee der Welt einzusetzen? In Tat und Wahrheit war die irakische Armee an Kampf- und Feuerkraft ein Witz und der ganze »Krieg« ein einziges Massaker. Die »Mutter aller Schlachten«, von der Saddam gefaselt hat, war ein abgetriebener Foetus. Das konnte sich jeder schon anhand der Bevölkerungszahlen an einer Hand ausrechnen. Der Irak hat soviel Einwohner wie die ehemalige DDR. Und der Irak hat Krieg geführt gegen eine Allianz aus Staaten, deren Einwohnerzahl 60mal größer war!
In einem Leserbrief an die Frankfurter Allgemeine schreibt Professor **Herbert Vonach** vom Institut für Radiumforschung und Kernphysik der Universität Wien: »... für die Luftangriffe der letzten Tage, als der Sieg schon feststand, gibt es keine Rechtfertigung, das waren Kriegsverbrechen ... Das gleiche gilt auch für die Zerstörung der Wasserversorgung von Bagdad und in anderen irakischen Städten. Eine solche Art der Kriegsführung ist sehr wenig verschieden von der Anwendung bakteriologischer Waffen.« Und in einem Leserbrief (19. 3. 1991) an das »Wall Street Journal« schreibt ein Mann aus Barron in Wisconsin: »It was a massacre, not a victory!«
Wie oft das Unvorhergesehene sich ereignet, wissen wir nicht. Die Politiker, die immer groß von der Wiedervereinigung gequasselt haben, traf die geschichtliche Stunde unvorhergesehen und unvorbereitet. Wozu gab es eigentlich ein »Gesamtdeutsches« (später »Innerdeutsches«) Ministerium? Wurden dort Planspiele veranstaltet, *was wohl geschieht, wenn die*

Wiedervereinigung tatsächlich eintritt? Hat sich je ein Beamter den Kopf zerbrochen, was die Wiedervereinigung wohl kosten könnte? Nichts dergleichen.
Ich habe im Frühjahr 1989 zur 100-Jahr-Feier einer Zeitung im Münsterschen einen Vortrag gehalten und gesagt: »Der Honecker übersteht den Herbst nicht, und dann ist die DDR beendet. Hoffentlich hat Bonn wenigstens den Ansatz zur einer Wiedervereinigungs-Rücklage gebildet!« Nach dem Vortrag traten Bundes- und Landtagsabgeordnete auf mich zu und sagten: »Sie sind doch wohl nicht ganz klar im Kopf. Wiedervereinigung, so ein Unsinn. Das Urteil darüber müssen Sie schon uns Politikern überlassen.«
Was setzen wir für das Unvorhergesehene an, das dann doch immer wieder eintritt? Nehmen wir die 18 Mias DM Golfkriegskosten, die wir auf die 30 Mios Werktätigen verteilen. Dann sind das pro Monat 50 DM.
Wir fassen zusammen: Die arbeitende Schicht der BRD, der Zahlmeister schlechthin, muß pro Kopf und Monat aufbringen:

Für:	**Betrag im Monat:**
Gesetzlich festliegende Staatsausgaben	1666,00
»Interne Verschuldung« nach Carl Zimmerer (Sozialversicherung, Beamte im Alter)	1250,00
DDR-Aufbau	650,00
Staatsschulden	312,50
Unvorhergesehenes	50,00
Summa:	**3903,50**

Wohlgemerkt: Diese knapp 4 Mille im Monat fallen pro Werktätigen *so oder so* an. Es gibt keine Möglichkeit, der Bezahlung zu entrinnen – es sei denn durch Rechtsbruch oder durch Staatsbankrott.
Falls Sie wissen wollen, wieso der Betrag nicht auf Ihrer Lohnabrechnung als Abbuchung (Steuern, Sozialabgaben) erscheint, hier ist die Antwort: Sie bezahlen es mit Dutzenden anderer Steuern (Mehrwertsteuer, Mineralölsteuer, Tabaksteuer, Schnapssteuer usw.). Auch der wunderschöne Kohlepfennig gehört dazu. Er kostet Sie im Jahr 5,4 Mias DM.
Einen großen Teil der Summe trägt der Staat als Schulden vor. Auch diesen Teil müssen Sie natürlich bezahlen, nur später, dafür noch mehr, vermehrt um Zins und Zinseszins. Sie zahlen. Oder ihre Kinder. Oder deren Kinder.

Optimistische Sicht: Wir werden immer schneller immer reicher

Die Deutschen leben unter Fluch und Segen zugleich. Den Fluch haben Sie eben gelesen. Jetzt der Segen: Die Deutschen müssen immer schneller immer reicher werden. Keiner hat mehr eine Chance, dem Reichtum zu entkommen. Nie mehr. Die Deutschen können einfach nicht mehr ärmer werden.
Erst ganz zum Schluß. Da werden sie dann wieder ganz arm sein. Wieder ganz von vorne anfangen müssen. Aber das dauert noch. Wie lange, werden Sie auf den nächsten Seiten erfahren.
Im Altertum gab es einen König, der hieß **Midas.** Wie

viele andere Könige konnte auch Midas den Hals nicht voll genug kriegen. Er wollte nicht nur sehr reich sein, sondern er wollte *alles* haben.
Eines Tages sagten die Götter zu ihm: »Midas, du hast einen Wunsch frei.«
Midas sagte: »Dann wünsche ich mir, daß alles, was ich berühre, zu Gold wird.«
Der Wunsch ging sofort in Erfüllung. Midas berührte eine Glasvase: in Gold stand sie vor ihm. Er fuhr mit der Hand über einen Tisch. Gold. Er kühlte seine hitzige Stirn an einem Spiegel und erblickte sein Gesicht in spiegelndem Gold.
Dann setzte sich der König zu Tisch. Stieß mit dem Goldenen Becher auf sein unerhörtes Glück an. Die Freunde sagten »Prost, Midas!« und leerten ihre Becher in einem Zug. Midas leerte nichts. Denn der Wein in seinem Becher war nun auch zu Gold geworden. Midas griff nach einem Stück Brot, das vor ihm lag. Ganz vorsichtig. Damit das Brot nicht merkt, daß es von Midas berührt wird. Doch das Brot merkte es und wurde auch zu Gold.
Midas verreckte an seiner Gier.
Uns wird es ganz genauso ergehen. Nur arbeiten wir nicht mit dem Wunsch nach Gold. Sondern mit dem Wunsch nach Geld.
Midas wollte, daß alles, was er berührte, zu Gold wird. Midas wollte damit der Endlichkeit entkommen. Der Endlichkeit der Mittel, der Endlichkeit der Möglichkeiten. Der Endlichkeit des vorhandenen Baren.
Wir wollen genau dasselbe, nur daß wir Gold durch Geld ersetzen. Wir wollen, daß wir alles, was wir

einmal hatten, auch in Zukunft besitzen. Also einmal – und dann immer. Um das zu erreichen, haben wir einen besonderen Trick entwickelt. Der Trick besagt: *Wir werden reicher, indem wir ewig und doch nie zahlen.*

Was ist das für ein Trick?

Sein Geheimnis ist das Zahlungsmittel. Es ist gar kein Zahlungsmittel, sondern ein Zahlungsversprechen. Wir zahlen, indem wir zu zahlen versprechen. Wenn wir eines späteren Tages an das Zahlungsversprechen erinnert werden, zahlen wir mit einem weiteren Zahlungsversprechen. Einem, das noch später eingelöst werden muß.

So mußten wir immer schneller immer reicher werden. Schauen wir uns die *Vermögen* der Deutschen an: Rund 3 Bios DM – nur die »Geldwerte«, ohne die Sachen, zu denen wir noch kommen.

Obenan Versicherungen: die staatliche Rente, die private Lebensversicherung, die Betriebspensionen: Zahlungsversprechen. Dann die Pfandbriefe, Bundesanleihen, Kommunalobligationen: Zahlungsversprechen. Dann die Sparbücher: Zahlungsversprechen. Dann die Festgelder, die Schwarzgelder: Zahlungsversprechen. Dann die täglich fälligen Konten: Zahlungsversprechen. Dann das Bargeld selbst: Banknoten der Deutschen Bundesbank: Zahlungsversprechen.

Geld ein Zahlungsversprechen? Ja, nicht gegenüber dem Publikum, sondern gegenüber der Bundesbank. Denn sie kauft Zahlungsversprechen gegen Bargeld an. Zum Beispiel Zahlungsversprechen der öffentlichen Hand; das heißt: »im Offenmarktgeschäft mit

Rücknahmevereinbarung angekaufte Wertpapiere« (über 100 Mias DM). Zum Beispiel: Devisen und Sorten, das sind ausländische Währungen. Die liegen nicht im Keller der Bundesbank, sondern die hat die Bundesbank bei großen Banken im Ausland stehen, als – ? Als Zahlungsversprechen! Summa: fast 70 Mias DM. (Andere Bilanzposten spielen für unser Argument hier keine große Rolle).

Zusammen also: 170 Mias DM. Und was steht in der Bilanz der Bundesbank als »Bargeldumlauf«? Da steht: 175 Mias DM. Klartext: Was uns die Bundesbank als Bargeld in die Hand drückt, das ist bei ihr selbst in der Bilanz durch Zahlungsversprechen »gedeckt«.

Was ist also unser »Geld«? Es ist ein Zahlungsversprechen. Damit keiner den Trick durchschaut, wurde die Bundesbank dazwischengeschaltet. Damit werden die Hirne vernebelt und die mündigen Bürger wie kleine Kinder getäuscht. In Tat und Wahrheit ist unser Geld nichts als ein Haufen Zahlungsversprechen. **Wenn wir also mit Geld bezahlen, reichen wir nur Zahlungsversprechen herum.** Wir zahlen nicht. Wir tun nur so. Weil wir immer mehr haben wollen.

Weil wir immer mehr Geld haben wollen, kriegen wir auch immer mehr. Wir kriegen es – gezeigt. Als Kontenauszüge, als Versicherungs-Guthaben, als Sparbücher, als Bargeld. Das Geld, das ein Zahlungsversprechen ist, läuft mit einem Zins um den Hals durch die Welt. Wie das Zicklein mit dem Glöckchen.

Hören Sie doch mal genau hin: Die gesamte Geldmenge, also Bares, Erspartes, Konten usw., die Fachleute sagen M3 dazu (M für Money und 3, weil es sehr viel Geldbegriffe unter sich hat), alles Geld also vermehrt sich mit einem durchschnittlichen jährlichen Zins von etwa 5,5%. Der Zinssatz ergibt sich aus dem Zins für die Wertpapiere und die Dollaranlagen, die die Bundesbank gegen Bargeld gekauft hat (und um den sich – logo – das Bargeld vermehrt); aus dem Zins für die Sparbücher, gestaffelt nach Fälligkeiten; für die Geldmarktanlagen, für die Festgelder und so weiter.

M3, unser Geld in allen Varianten und Schattierungen, liegt bei etwa 1,45 Bios DM. Das sind 18 000 DM pro Kopf. Es vermehrt sich im Jahr um etwa 80 Mias DM. Das macht pro Kopf der Bundesbürger (Ost/West) 1000 DM. Das war aber nur 1991. Irgendwann im Jahr 2004 wird sich das Geld der Deutschen pro Kopf in 12 Monaten um 2 Tausender vermehren. Um 2 große Braune. Pro Kopf und Jahr. Und so geht es immer heiter immer weiter, je nach Zinssatz für das Zahlungsversprechen »Geld«. Mal etwas schneller, mal etwas langsamer.

Fragen Sie nicht, wer so viel Geld verdient! *Es verdient sich selbst,* denn unser Geld ist ein Haufen von Zahlungsversprechen, wie gesagt, und solches Geld vermehrt sich aus sich selbst heraus!

Im Jahr 2000 werden die Deutschen pro Kopf 30 000 DM Geldmenge haben, vielleicht bloß 28 000, vielleicht 32 000 DM. Doch nicht lange. Im Jahr 2013 werden es schon 60 000 DM sein oder 70 000 DM. Für die Deutschen pro Kopf. Welch eine »Geldmenge« in welch wunderbarer Geldvermehrung.

Unser Geld wird sich automatisch vermehren! Ob jemand dafür arbeitet oder nicht! Es bläht sich von

selbst auf, wie ein Ballon. Bis es immer dicker geworden ist. Dann platzt es. Und wir haben gar kein Geld mehr ...
Was mit Midas geschah, das Immer-mehr-haben-Wollen in der Antike, nannten die Griechen Pleonexie (»Mehrsucht«) und die Lateiner Arrogantia (»Anmaßung«). Wir leiden an der Geldsucht und sind in unserer Arroganz sehr weit gegangen, vermutlich schon zu weit.

Der Trick mit der sozialen Marktwirtschaft

Unsere ganze Wirtschaft geht immer mehr in Richtung permanente Werksferien. Obwohl alle Mann das Werk verlassen haben, läuft doch alles weiter. Löhne, Gehälter, Tantiemen für den Vorstand. Kein einziges Auto wird gebaut. Trotzdem wird für die nicht gebauten Autos gezahlt.
Die deutsche Wirtschaft ist eine einzige unendliche Lohnfortzahlung. Auch wenn nichts geschieht, spürt das niemand. Es wird immer gezahlt. Denn es gibt immer mehr Geld.
Das Ganze ist ein Trick. Einer der sehr gut funktioniert. Und sehr lange. Der Trick heißt »sozial«.
Sie haben schon mal was von »sozialer Marktwirtschaft« gehört. Was ist das in Wirklichkeit?
Marktwirtschaft ohne »sozial« ist brutal. Da kommt einer nur auf seine Kosten, wenn er malocht, bis er umfällt. Malocht er nicht, kriegt er kein Geld. Wer krank ist: null Lohn, kein Gehalt. Wer nicht mehr kann – den schwitzt die Marktwirtschaft aus, wie der Kerl in der Sauna seinen Grippe-C-Virus. Aus, Ende.

Marktwirtschaft ohne »sozial« heißt: Geld gibt's nur für Leistung. Also heißt Marktwirtschaft plus »sozial«: *Geld gibt's auch ohne Leistung.*
Soziale Marktwirtschaft bedeutet: alle Zahlungen laufen weiter – egal, ob der eigentliche Grund für die Zahlungen noch existiert oder nicht.
Beispiel:
Firma X stellt Arbeiter Y ein. Zahlt ihm Lohn (egal wieviel, hier geht's um's Prinzip). Grund für die Zahlung ist die Arbeit. Arbeitet der Arbeiter nicht mehr (Krankheit, Unfall, Urlaub, Alter) – laufen diese Zahlungen doch weiter. Nicht unbedingt in der gleichen Höhe, aber das spielt keine Rolle.
Das Entscheidende für die soziale Marktwirtschaft ist: *Es wird auch gezahlt, wenn der Zahlgrund weggefallen ist.*
Wir finden das mit der sozialen Marktwirtschaft natürlich prima. Es kommt einem toll menschlich vor, »human«, wie man so schön sagt. Außerdem: Was kann der arme Teufel dafür, daß er krank geworden ist. Daß er einen Unfall hatte. Wer will ihm den Urlaub neiden, damit er sich mal so richtig erholen kann?!
Große Frage:
Warum sind die Menschen eigentlich nicht schon früher so schlau gewesen und haben eine soziale Marktwirtschaft eingeführt? In Deutschland stammen die ersten »Sozialgesetze« aus der Frühzeit der Industriellen Revolution, dann gab es viel Soziales unter Bismarck, dem großen Kanzler des Deutschen Reiches zwischen 1871 und 1889.
Und die Soziale Marktwirtschaft selbst ist dann unter

Ludwig Erhard, dem ersten Wirtschaftsminister der Bundesrepublik Deutschland, zusammen mit seinem Freund, dem Kölner Professor **Müller-Armack,** entwickelt worden.

Das war vor 40 Jahren. »Sozial« ist hier das Wieselwort. Das Wiesel schleicht sich unbemerkt in das Gelege und saugt alle Eier aus. Uns hat das Wieselwort »sozial« das Hirn aus dem Kopf gelutscht. Kaum sagt einer »sozial«, schon springen alle auf und klatschen Beifall. Die einen, weil sie sozial mit gerecht verwechseln, die anderen, weil sie glauben, sozial sei ein anderer Ausdruck für »den Reichen Geld wegnehmen«.

Der Trick mit der Sozialen Marktwirtschaft besteht aber darin, daß gezahlt wird, ohne daß woanders weggenommen wird. Dazu haben wir ein Konto Staat eingerichtet. Auf dem kann unendlich gebucht werden.

Beispiel A (ehrlich):

Ein Betrieb mit zehn Arbeitern. Einer wird krank. Die anderen müssen für ihn mitarbeiten und kriegen entsprechend weniger Lohn ausbezahlt: Das ist das Geld, das der kranke Kollege kriegt. So arbeitet das Handelsunternehmen Aldi, eine äußerst erfolgreiche Firma. Jeder weiß, daß er die Kollegen schädigt, wenn er länger krank feiert als notwendig.

Beispiel B (soziale Marktwirtschaft):

Ein Betrieb mit zehn Arbeitern. Einer wird krank. Alle anderen müssen für ihn mitarbeiten. Sie kriegen aber nicht weniger Lohn ausbezahlt. Wer also trägt die Differenz? Der Arbeitsminister flötet: »Die Solidargemeinschaft.« Bezahlen denn die Gesunden für den Kranken mit? Nur zum Teil, der Rest wird über das Staatskonto abgewickelt, unter dem Titel »Laufende Zuschüsse«. Die werden aber nicht auf dem Wege über Steuern abgezweigt, sondern – zum Teil – per Schuldenmachen hochgebucht.

So spendieren wir soziale Segnungen, Klartext: Konsum, auf dem Kreditweg. *Die Demokratie verkommt zu einer Veranstaltung mit lauter Zetteln.* Da steht dann drauf: Du kriegst dein Geld sofort. Das ist der unmittelbar Berechtigte. Und: Du kriegst dein Geld später. Das ist derjenige, der dem unmittelbar Berechtigten das Geld vorschoß – auf dem Umweg über Bundesanleihen usw.

So läuft also der Midas-Effekt der modernen Bundesrepublik. **Immer mehr Konsum wird auf dem Kreditweg bezahlt, das gibt immer höhere Schulden.** Da die Guthaben aber immer so hoch sein müssen wie die Schulden, *wird das Land scheinbar immer reicher*. Die moderne Demokratie ist ein Mechanismus, der heute fällige Zahlungen (z.B. Unterstützung eines Kranken) in die Zukunft vorträgt.

Dadurch werden die wahren Kosten des Miteinanderlebens verschleiert. Es entsteht ein Gefühl, alles sei umsonst. Und es entsteht die Illusion, alle würden immer schneller immer reicher.

Die Verblendung ist total. Bis schließlich jemand in die Hände klatscht und alles ist verflogen wie ein Spuk.

Blättern Sie nochmal zur obigen Rechnung zurück: Monatliche Zahlungen der Werktätigen: Knapp 4000 DM.

Was gezahlt wird, wird auch kassiert. Die Rechnung kann also auch lauten: Monatliches Inkasso: 4000 DM. Es kassieren: Rentner, Beamte a.D., Ossis, Schwarzafrikaner, Asylanten, überhaupt die sozial Schwachen, aber auch ganz Stramme.
P.S.: Zum Beispiel die Berliner Grundstücksspekulanten, die mit staatlichen Subventionen (»Berlin-Förderung«) Wohnblocks hochziehen und die sich fett und reich machen. Der tüchtigste der Berliner Absahner, der Stuttgarter Unternehmer **Egon Banghard,** hat 1990 mit seinen Berlin-Immobilien fast 1 Mia DM umgesetzt. Der Staat schießt zu seinen Objekten vermutlich das Doppelte dieser Summe zu (Berlin-Förderwege, Steuerersparnisse, Mietbeihilfe, Sozialbeihilfe, schlußendlich Wohngeld usw.). Dem großen Egon Banghard selbst blieben in seinem Annus Mirabilis unterm Strich vermutlich 40 Mios DM. Glückwunsch.
Mit niemandem läßt sich mehr Geld verdienen als mit dem Staat.

Was tun?

»Dem, der nimmt auf Interesse,
Raht ich, daß er voll ermesse,
Daß die Zinse manchen Mann
Unversehens verschlingen kann.«

Aus einem handschriftlichen
Hamburger Rechenbuch von 1727

»Man muß Vorsorge treffen, daß dem Staat
keine nachteilige Schuldenlast anwächst,
was durch Mittel verschiedener Art
verhindert werden kann.
Wenn aber der Fall der Verschuldung eingetreten ist,
darf nicht so verfahren werden,
daß die Begüterten ihr Eigentum einbüßen,
während die Schuldner fremdes Gut gewinnen.«

Cicero, Von den Pflichten, Kap. 24

Großmacht Großdeutschland

Die Bundesrepublik Deutschland hat mit der Wiedervereinigung einen spielentscheidenden Fehler gemacht. Nicht weil die Wiedervereinigung Geld kostet. Das ist ein Kapitel für sich.
Sondern weil die Deutschen durch die Wiedervereinigung in die Rolle einer Großmacht gezwungen werden. Wir sind nun eindeutig die Nummer 1 in Europa. Stehen, gemessen an Bevölkerung und Sozialprodukt, weit vor Großbritannien und Frankreich, von Italien ganz zu schweigen.
Bevölkerungsmäßig liegen wir zwar deutlich unter Japan (80 zu 120 Mios). Aber Japan fällt nicht so auf. Es ist im Pazifik eingerahmt von den Großmächten USA und China. Südöstlich und südlich breitet sich der Gürtel der Tigerstaaten aus: Taiwan, Singapur, Malaysia, Südkorea, die Philippinen. Ganz unten ein Erdteil: Australien.
Deutschland muß in Europa die Initiative ergreifen, ob es will oder nicht. Die Sowjetunion schlendert dem Untergang entgegen, spielt als Macht in Bälde keinerlei Rolle mehr. Von überallher werden die Depeschen und die Sonderbotschafter in Bonn und/oder Berlin einlaufen: Helft uns. Was sollen wir tun? Uns geht es so schlecht.
Die ganz großen Weltkonflikte gehören der Vergangenheit an. Der Endkampf zwischen Kommunismus und Kapitalismus ist entschieden. Die »Mutter aller Schlachten« findet nicht auf den Plains im Mittelwesten der USA oder zwischen dem Ural und Moskau statt. Die »Mutter alle Schlachten« war eine kriegeri-

sche Episode am Persischen Golf, deren Ausgang keinen Augenblick im Zweifel war.
Lokale Kriege mag es weiterhin geben. Israel wird sich mit den Palästinensern plagen. Indien, Pakistan und China sind nicht Freunde. Auch in Südamerika könnte der Machismo wieder entflammt werden. Statt mit alten Kreuzern vor den Malediven/Falkland-Inseln zu kreuzen, könnten Südamerikaner eines Tages zwischen Brasilien und Venezuela einen Konflikt mit der Machete ausfechten. In Afrika wird es noch tief hinein ins nächste Jahrhundert knallen. Schwarz gegen Schwarz. Schwarz gegen Weiß. Schwarze gegen die Gelben, die Inder.
In Zeiten schwindender Konflikte Großmacht zu sein, kann aber nur bedeuten: Zahlmeister spielen. Das ist das deutsche Geschick.

Wie können wir unser Los mildern?

1. *Wir könnten freiwillig verarmen.* Niemand wird gezwungen, reich und tüchtig zu sein. Ein armes Deutschland müßte nicht mehr Zahlmeister spielen.
Wie verarmt ein Land? Die Geschichte, auch die deutsche, kennt zu viele Beispiele, als daß man nicht bequem aus ihr lernen könnte. Es geht so:
a) *Drosselung des Bevölkerungswachstums.* Das ist bereits geschehen. Die Deutschen werden immer weniger.
b) *Entmutigung der jungen Generation.* Auch dafür gibt es reichlich Anzeichen. Die jungen Deutschen, die heute in den Windeln liegen, werden mit einer

Doppellast konfrontiert sein, die in der Weltgeschichte einmalig ist: Sie müssen pro Kopf einen/eine Alte(n) mit seinem/ihrem Pfleger durchfüttern. Das wird im Jahr 2010 (zu heutigen Preisen) im Schnitt mindestens 2500 DM im Monat kosten. Dazu müssen sie mit ihren Steuern eine Staatsschuld bedienen, die im Jahr 2010 pro Kopf bei 100 000 DM liegt. Von einem monatlichen Einkommen von durchschnittlich 6000 DM werden netto höchstens 300 zur freien Verfügung bleiben.

c) *Entmutigung der freien Unternehmer.* Schon heute werden fast drei Viertel des Gewinns weggesteuert. Das läßt sich mit Hilfe kleiner Erhöhungen (»Vermögen umverteilen!«) auf jene 85–90% bringen, wo jeder Schwung erlischt.

d) *Drosselung des wirtschaftlichen Fortschritts.* Dazu müssen nur recht viele Grüne, Linke, Neo-68er und andere Weltverbesserer an die Macht. Sie werden dafür sorgen, daß endlich alles wieder grünt, die Auto- durch Fahrradfabriken ersetzt sind und jeder, der nachts heimlich einen Mülleimer-Deckel öffnet, um was reinzutun, ins Gefängnis wandert.

2. *Wir können uns verstellen.* So tun, als seien wir schon arm. Das geht am einfachsten durch Statistiken, die zeigen, daß wir am Ende unserer Leistungskraft sind. Eine der bekanntesten internationalen Statistiken, mit deren Hilfe die Hilfsbereitschaft gemessen wird, ist das Verhältnis der Ausgaben für die Entwicklungsländer geteilt durch das Sozialprodukt. In der Bundesrepublik wurde die international als »anständig« angesehene Grenze von 1% nachhaltig unterschritten. Drüber zu liegen, haben nur die

Schweden und die Japaner fertiggebracht. Allein: die wirkliche schwedische Statistik kennt im Ernst kein Mensch und japanisch kann niemand lesen.
Wir müssen uns also verstellen. Dazu muß das Sozialprodukt verringert oder die Zahl der Hilfeleistung erhöht werden. Ein wichtiger Vorschlag zur Verminderung des Sozialprodukts ist: Es sollte grundsätzlich nur die kleinste Sozialproduktberechnung genommen werden, also netto und real (ohne Ersatzinvestitionen und Preissteigerungen). Dann sollte alles aus der Sozialproduktstatistik genommen werden, was eine Eventualverbindlichkeit darstellt.
Heute bürgt die Bundesrepublik für 350 Mias DM. Das sind Dinge, die wir möglicherweise tatsächlich bezahlen müssen: ausgefallene Kredite, schiefgegangene Investitionen usw. Wenn wir dies heute schon einrechnen, indem wir diese Eventualverbindlichkeiten vom Sozialprodukt abziehen, weil sie unser verfügbares Einkommen und unseren Reichtum und Wohlstand mindern würden, wenn sie denn einträfen, dann sähe es schon besser aus.
Ein weiterer Vorschlag: Die Bilanzen der deutschen Unternehmen enthalten den wichtigsten Posten nicht: die Eventualverpflichtung, die auf die Firma zukommt, wenn sie Leute entlassen und einen Sozialplan aufstellen muß. Alle anderen Eventualitäten, Prozeßrisiken, mögliche Gebäudeschäden, Risiken wegen aller möglichen ausfallenden Zahlungen, sind ordentlich bilanziert. Aber die Kosten, die ein Sozialplan mit sich bringt, sind nicht verbucht. Mit einem Sozialplan muß aber jedes Unternehmen rechnen. Auch Daimler-Benz kann eines Tages zu Massen-

entlassungen schreiten müssen. **Das Risiko ist der Racheengel der freien Marktwirtschaft.**
Würden die Sozialplankosten in die Bilanz genommen und als Verbindlichkeiten unter »Rückstellungen« passiviert (genauso wie dort Betriebsrenten passiviert sind), dann würde das die Betriebsergebnisse (optisch, also für die Statistik) deutlich verschlechtern: Das Sozialprodukt würde auf ein tieferes Niveau sinken.
Wir hätten dann Vorsorge für uns selbst getroffen, statt das Geld in aller Herren Länder zu verstreuen.
3. *Wir können uns schlicht verweigern.* Das ginge nur über einen politischen Eklat, den wir uns vermutlich nicht leisten können. Aufgrund internationaler Verpflichtungen (EG, UNO, Währungsfonds, Weltbank) sind wir mit unzähligen Zahlungsströmen verzahnt, die wir nicht unterbrechen können.
Schauen wir auf die Schweizer. Die waren so schlau, sich auf keine internationalen Engagements einzulassen. Sie sind nicht in der UNO, nicht in der EG. Kein Mensch kommt auf die Idee, die Schweizer zum Zahlmeister zu degradieren. Die Schweizer zahlen viel und gern. Aber sie tun es freiwillig. So haben sie ihr Geschick in der Hand behalten. Wir Deutschen treiben dahin.
Wir könnten alles auf unseren Osten schieben und sagen: »Liebe Freunde, ihr seht ja selbst, wir müssen den Brüdern und Schwestern in den 5 neuen Bundesländern helfen. Denen geht es erheblich dreckiger als den portugiesischen Bauern an der Algarve oder einem Fischer auf der Peloponnes. Bitte habt daher Verständnis, daß wir uns erst einmal darum kümmern

müssen, das eigene Haus in Ordnung zu bringen, bevor wir die Zahlungen an euch und alle anderen großartigen Nationen der Welt wieder aufnehmen können.«

Fruchten diese Appelle an den Verstand der Europäer und anderer in der großen weltweiten Völkergemeinschaft nicht, könnten wir uns isolieren. Deutschland nimmt an den Sitzungen der EG nur noch gelegentlich teil; man kann ja sagen, der Etat für Reisespesen sei sonst zu schnell erschöpft.

4. *Wir können den German Way of Life exportieren.* Das bedeutet:

a) *Kein Geld mehr an Staaten, die kein marktwirtschaftliches Wirtschaftssystem haben.* Es ist mir überhaupt ein Rätsel, wieso immer wieder Geld an solche Länder gezahlt wurde. Sozialistische Staaten gibt es ja nicht nur im Osten. Wir haben Guinea unterstützt, Moçambique, Angola, geben Geld nach Äthiopien, nach Algerien, nach Burma, Syrien, Tansania und Sambia. Alles lupenreine sozialistische Regime.

Es gehört zu den treudeutschen Unausrottbarkeiten, sich immer wieder einzubilden, es ginge doch. Man müsse ein sozialistisches Land nur lange genug pampern, dann würde es schon erwachsen und eine starke Marktwirtschaft werden. Wie dämlich diese Vorstellung war, weil von Politikern erdacht, die selbst keine Ahnung von einer freien Wirtschaft haben und noch nie die Bilanz eines privaten Unternehmens unterschreiben mußten, wurde am Beispiel des großen Genschman überdeutlich.

b) *Kein Geld mehr an Staaten, die nicht einen Staatshaushalt mit ausgeglichenem Budget vorlegen.* Die

meisten Entwicklungsländer stecken nur deshalb tief im Morast, weil sie wirtschaftliche Leistung (Klartext: harte Arbeit) durch die Notenpresse (Klartext: leichten Knopfdruck) ersetzen.
Kaum werden diese Praktiken abgestellt und die Budgetdefizite heruntergefahren, blühen diese Länder auf – nach einem kurzen schmerzhaften Intermezzo allerdings, in dem der alte staatliche Schlendrian ausgeschwitzt werden muß. Bestes Beispiel: Mexiko, wo es seit dem Amtsantritt des Marktwirtschaftlers und Staatswirtschaftsfeindes **Salinas** sensationell aufwärts gegangen ist. Ähnlich stellten **Menem** in Argentinien und **Collor** in Brasilien die Notenpresse ab und zwangen ihre Länder wieder in den guten alten Streß zurück.
An dieser Stelle kommt immer der gleiche Einwand: so etwas sei doch eine Einmischung in die inneren Angelegenheiten. Es geht doch nicht an, den Ländern ihre Regierungsform vorzuschreiben.
Doch, es geht sehr wohl an. Nämlich für den Fall, da diese Länder Geld von uns haben wollen.
Dann schreiben wir diesen Ländern vor, welche Wirtschaft sie zu treiben, welche Budgets sie zu fahren haben (auch wenn wir uns selbst nicht daran halten), wie hoch höchstens ihre Inflationsrate sein darf. Inflationen fallen bekanntlich nicht vom Himmel wie ein Heuschreckenschwarm. Sie entstehen ausschließlich durch Mißbrauch der Notenpresse.
Niemand ist zum Geldvergeben, gar zum Schenken gezwungen. Das vornehmste Recht des Zahlmeisters bleibt es, sich auszusuchen, aus welchem Fenster er sein Geld werfen will.

Geld, das an marktwirtschaftlich orientierte Länder geht, in denen überschaubare Finanzen existieren und minimierte Inflationsraten herrschen, könnte, aus dem Fenster geworfen, doch eines Tages mit Zins und Zinseszins wieder zur Tür hereinspazieren.

Der Schuß an der Grenze

Es ist jetzt kurz nach Mitternacht. Der Mann duckt sich hinter dem Gebüsch, spannt alle Muskeln seines Körpers. Dann springt er auf. Läuft los.
Zuerst kommt das Gelände, das er kennt. Ein »Todesstreifen«, wie sie es früher nannten. Jetzt gibt es dort keine gezogenen Drähte mehr, keine versteckten Fallen. Nirgends mehr eine Streife, die mit scharfen Schäfern Jagd auf »Republik-Flüchtlinge« macht. Flüchtlinge von Ost nach Ost, von West nach Ost, von Ost nach West.
Der Zaun. Der Mann weiß, daß es da kein Risiko mehr gibt. Die elektrischen Warnleitungen sind längst abgeklemmt. Die Selbstschußanlagen funktionieren nicht mehr. Der Wachturm drüben – seit Jahren unbesetzt. Beim nächsten Herbststurm wird er umkippen wie eine morsche Ulme.
Die Grenze ist offen und frei passierbar. Was da noch an »Anlagen« herumsteht, da hatten sie nicht genug Volkspolizisten mehr, um das ganze abzuräumen.
Der letzte Zaun liegt hinter ihm. Da waren mehr Löcher drin als in einer Stonewashed Jeans eines Punkers. Durchgeschnitten von den Hunderten, die

es vor ihm versucht hatten. Den Weg von Deutschland nach Deutschland. Doch jetzt wurde es kritisch. Der Mann wittert die Gefahr. Der Bundesgrenzschutz, so hatte man ihm gesagt, arbeitet mit Nacht-Lasern, wie die Amis an der Grenze nach Mexiko. Erst der Laser, dann der Schuß. Erst der Schuß, dann wird gefragt, ob da jemand war. Der Mann läuft jetzt so schnell er kann. Da vorne, die Baumgruppe, da müßte er in Sicherheit sein. Dort würde er den Morgen abwarten, danach in die Kleinstadt gehen, versuchen, einen zu finden, der so aussieht wie er, ihm den bundesdeutschen Paß klauen. Er als Deutscher einem Deutschen. Als Auslandsdeutscher.
Ein Tier denkt er. Da vorne, direkt, wo er hinrennt. Aber warum hat das Tier nur ein Auge? Und so rot? So glänzend? Als ihm klar wird, daß dies der Laser eines Bundesgrenzschutz-Soldaten ist, und als er schnell den Kopf senkt, um auf seine Brust zu blicken und um dort genau den gleichen kleinen roten Fleck zu sehen, da ist es zu spät. Er spürt nur ganz kurz, wie ihn der kleine rote Fleck auf seiner Brust auseinanderreißt.
Drei Stunden später huscht eine Eilmeldung der Bonner Nachrichten-Agentur über die Bildschirme:
»Wieder Verletzung der Grenze der Bundesrepublik – Grenzorgane wachsam – ein Toter – Sprecher der Bundesregierung warnt eindringlich vor weiteren Penetrationsversuchen von Bürgern der osteuropäischen Staaten – Bundesrepublik nimmt definitiv keine weiteren Menschen mehr auf.«

Nach 40 Jahren Sozialismus ...

Die »DDR« ist fertig. Bankrott. Ende. Aus.
Das ist nicht schön. So nach dem Motto: »Schaut's her, der Westen, die Freiheit, der Kapitalismus – das ist alles 10mal besser. Und wir haben recht behalten. Und wir haben es euch ja immer gesagt.«
Das ist nicht schön. Sondern das ist teuer. Denn wir müssen jetzt für die »DDR« und ihre Folgekosten aufkommen. Da zahlen wir, daß wir schwarz werden.
Die Konkursmasse »DDR« besteht zunächst aus einem Haufen verrotteter Betriebe mit überalterten Maschinen. Manches ist richtig wertvoll, aber nur, weil sich manche aus dem Westen ein geschäftetreibendes Monopol erhoffen. Für Regionalzeitungen werden zwischen 200 und 400 Mios DM verlangt.
Die Konkursmasse DDR besteht dann vor allem aus 16,6 Mios Menschen, die wir ernähren müssen. Nicht daß die Deutschen aus der DDR nicht fleißig wären. Von den 16,6 Mios sind sage und schreibe 8,5 Mios Erwerbstätige gewesen, ohne Lehrlinge. Also mehr als die Hälfte (51,2%).
Dagegen sind wir im Westen richtig faul. Von unserer 61,2-Mios-Bevölkerung in der Bundesrepublik Deutschland sind nur 26,9 Mios Erwerbstätige. Unsere Quote liegt bei 43,9 Prozent. Unsere Landsleute sind also viel fleißiger als wir.

Wie geht es weiter?
Ihre Strategie für die 90er Jahre

Was wird kommen, was wird sein? Wir spielen noch einige Schlußszenarien durch, die derzeit in den Salons debattiert werden.

1. Das Ende der Geschichte: Ein US-Beamter mit großen Tönen

Im Sommer 1989 erschien in der US-Intellektuellen-Zeitschrift »The National Interest« ein Artikel eines Mannes namens **Francis Fukuyama.** Der ist japanischer Abstammung. Die Japaner haben bekanntlich im Schnitt einen höheren IQ als die Amerikaner. Also hat das Gewicht, was einer namens Fukuyama sagt. Fukuyama arbeitet als stellvertretender Direktor des politischen Planungsstabes im amerikanischen Außenministerium. Zu uns spricht also ein Intelligenzler und ein Beamter von hohem Rang. Sein Artikel hat die Überschrift »The End of History?«
Das Fragezeichen ist Koketterie. Denn Fukuyama behauptet, daß die Geschichte zu Ende gegangen ist. Wie das?
Fukuyama sagt:
»Der Triumph des Westens, der westlichen Idee, ist ganz klar ersichtlich; denn alle möglichen systematischen Alternativen zum westlichen freiheitlichen System sind erschöpft.«
Etwas ist in der Tat zu Ende, wenn es keine Alternative mehr gibt. Der Sieg der westlichen Kultur ist überwältigend. In Japan spielt man Beethoven in den

Kaufhallen, in China sieht man überall Farb-TV, Rock-Musik ertönt in Rangun. Selbst **Khomeini** hat es nicht geschafft, den Islam neu zu beleben. Überall in Teheran sind die Billboards von Sony und Hitachi erhalten geblieben. (Ich darf hinzufügen, daß ein Mann wie **Saddam Hussein** in Bagdad Anzüge von Pierre Cardin trug und im Herbst 1990 mit einem Tirolerhut auf dem Kopf abgebildet wurde.)
Die Idee, die Geschichte würde irgendwann zu Ende gehen, ist eine deutsche. **Georg Wilhelm Hegel,** ein Mann besonders dunkler Worte und Philosophie-Professor in Berlin zu Beginn des 19. Jahrhunderts hatte sie zuerst gedacht. Hegels These: Mit dem Sieg der Französischen Revolution entstünde ein Staat der Freiheit, Gleichheit und so. Und wie sollte die Geschichte danach noch weitergehen? Sein Schüler **Karl Marx** führte diese Gedanken weiter. Bei ihm war Schluß, sobald die Revolution obsiegt haben sollte und das Proletariat endlich befreit durchatmen könne.
Alexander Kojève, ein russischer Emigrant, Lehrer des Links-Philosophen **Jean-Paul Sartre** und des Rechts-Denkers **Raymond Aron,** lehrte im Paris der 30er Jahre Ähnliches. Er predigte einen »universalen, homogenen Staat«, der einfach zu gut sei, um weiter entwickelt zu werden. In dem Staat würde das stattfinden, was wir »The American Way of Life« nennen, Cola & Hamburger. Kojève starb 1968 als EG-Bürokrat in Brüssel.
Jetzt also Fukuyama. Die beiden Gegner der modernen liberalen Demokratie, meint er, der Kommunismus und der Faschismus, hätten sich erledigt. **Hitler**

erschoß sich im Bunker, die Atombomben von Hiroshima und Nagasaki beendeten Japan. **Gorbatschow** räumte in der Sowjetunion auf, zumal es keinen Menschen mehr gibt, der noch ernsthaft an den Marxismus-Leninismus glaubt. China, Albanien usw. werden alsbald in Richtung freiheitliche Demokratie folgen.
Der letzte Schönheitsfehler des liberalen Systems, die ungleiche Einkommensverteilung, läßt sich unschwer beseitigen. Dazu hat man moderne Steuersysteme. Die noch vorhandenen Reste von Diskriminierungen, z. B. Rassismus, haben nichts mit der modernen Demokratie zu tun, sondern sind Überbleibsel der Zeit des Kolonialismus und der Sklaverei. Ungleiche Vermögensverteilungen resultieren zumeist aus der Zeit des Feudalismus. Der Fürst von **Thurn und Taxis** war der größte Grundbesitzer Deutschlands, weil die Familie im 16. Jahrhundert vom Kaiser das Postmonopol erhalten hat. Im 16. Jahrhundert gab es keine moderne liberale Demokratie.
Die letzten Gegner sind keine mehr: religiöse Fundamentalisten innerhalb der christlichen, jüdischen und muslimischen Religion. Denn religiöse Fanatiker vermögen nicht, die Massen mit dem zu versorgen, was die gerne haben, Wohlstand, Frieden, stabilen Geldwert.
Ein Risiko für das Ende der Geschichte besteht nach Fukuyama nur noch im Nationalismus. Aber das ist ein Scheinproblem. Man muß die Staaten mit ethnischen Minderheiten doch nur auflösen, wie es die Sowjetunion gerade macht. Worauf es wirklich ankommt, hat Ex-UdSSR-Außenminister **Scheward-**

nadse erklärt (Vestnik Ministerstva Inostrannikh Nr. 15, August 1988):
»Die Fähigkeit, materiellen Wohlstand aufzuhäufen, auf der Basis führender Wissenschaft sowie von Techniken und Technologien auf höchstem Niveau, und ihn dann gerecht zu verteilen, und der Wille, die Ressourcen, die für das Überleben der Menschheit benötigt werden, gemeinsam zu schützen – das ist von überragender Bedeutung.«
Diesen Satz unterschreibt jeder Mensch der Welt, vom Politiker zum Prolo. Es ist das Programm der Zeit, die das Ende der Geschichte markiert. Und Fukuyama resümiert, offenbar überwältigt von der Erinnerung an das bunte Treiben, das über Jahrhunderte die Welt bewegte:
»Das Ende der Geschichte wird eine sehr traurige Zeit sein.«
Eben langweilig. Statt Ideologien und Kampf erleben wir sozialen Einheitsbrei und Frieden. Statt Ideen und Imagination Umweltschutzkonferenzen und Konsumbefriedigung auf hohem Niveau. Vielleicht wird es sogar so langweilig, daß man schon allein deshalb Geschichte wieder starten wird.

2. Der neue Start der Geschichte:
Wenn eine Krise kommt

Aber keine Angst, liebe Freunde. Die Geschichte versackt nicht in öder Langeweile, in der nicht einmal den hochbezahlten Serien-Autoren fürs Fernsehen nichts mehr einfällt.
Die Geschichte der 90er Jahre wird so spannend, wie noch nie Geschichte gewesen ist.

In den 90er Jahren wird die von Fukuyama so hochgelobte »liberale Demokratie« weltweit verschwinden, und zwar nicht aus Langeweile, sondern weil sie eine politische Kunstform gewesen war, eine Scheinwelt, die den Menschen einen Zustand vorgaukelte, den es nicht gibt.

Nämlich den Zustand, man könne in Frieden miteinander leben und umgehen, ohne daß einer dafür zahlen muß.

Alles kostet Geld, auch die endzeitliche Demokratie. Die Zahlung wird eines Tages fällig, auch wenn wir den Zeitpunkt der Zahlung möglichst weit hinausschieben. Der Tag der Tage kommt.

Der Trick, auf dem die endzeitlichen Demokratien beruhten, war schlicht der:

Die liberale Demokratie beruht auf dem Konzept des »Wohlstands für alle«, wobei die Tatsache, daß es unterschiedliche Menschen gibt, mit unterschiedlichen Talenten, Wünschen, Fähigkeiten, keine Rolle spielt. Kurzum, es gibt Gute und Schlechte, Kluge und Dumme, Fleißige und Faule. Der historische Prozeß besteht darin, daß die Guten und Fleißigen herrschen, während die Dummen und Faulen untergehen. Die einen leben in Saus und Braus, die anderen müssen dienen oder verrecken. Es ist der Prozeß der natürlichen Auslese. Es ist ein Gesetz, das im Dschungel genauso gilt wie in Düsseldorf und Dresden.

Der Trick mit der endzeitlichen Demokratie bestand darin, diesen natürlichen Ausleseprozeß zu unterlaufen, nicht so sehr den Prozeß als vielmehr seine Folgen. *Man hat so getan,* als seien alle Menschen irgendwie gleich gut, schön, fleißig, tüchtig, tapfer, usw. Wenn einer nicht so gut ist, wurde dies den »Umständen« zugeschrieben. Man hat viel Geld ausgegeben, um die »Umstände« zu beenden, und als das nichts half, hat man direkt eingegriffen. Man hat den Schwachen nicht nur am Leben gelassen, sondern immer mehr auf das Niveau gehoben, das der Starke hatte. Es hilft den Armen aber nichts, wenn man die Reichen ärmer macht.

Umgekehrt wird ein Schuh draus: *Es muß möglichst viele Reiche geben,* die noch dazu immer reicher werden. Je mehr Reiche es gibt, um so weniger Arme kann es geben. Nicht wahr?

Was wir getrieben haben, fand im Rahmen einer repräsentativen Demokratie statt. Repräsentative Demokratie heißt: Die Menschen stimmen nicht direkt ab über alles, was sie bewegt. Sondern das tun ihre Repräsentanten in den Parlamenten. Diese Repräsentanten entwickeln sich alsbald zu einer eigenen Kaste, den »Berufspolitikern«. Über die haben wir genug gelesen.

In der Geschichte sehen wir 2 Grundformen der Demokratie:

1. Die antike Demokratie

Zum Beispiel in Athen. Dort durfte jeder Bürger in allen Fragen, die in der Volksversammlung verhandelt wurden, abstimmen. Wenn damals die Tüchtigen zu mächtig waren, wurden sie aus der Stadt gewiesen, Alkibiades ist so ein Beispiel. Oder sie wurden wegen »Systemkritik« zum Tode verurteilt, wie Sokrates.

Die attische Demokratie war winzig. Der Stadtstaat Athen hatte 350 000 Einwohner. 115 000 waren Sklaven, nur 43 000 besaßen das Bürgerrecht und durften wählen. Athens Demokratie scheiterte an der Kluft zwischen arm und reich. Platon meinte, Athen sei in 2 Staaten geteilt, »zwei einander feindliche, einen der Reichen und einen der Armen.«

2. Die moderne Massendemokratie

In ihr wird nicht mehr nach Herkommen und/oder Verdienst gewählt. Es gilt das allgemeine Wahlrecht. *So treten zwangsläufig Leute auf, die den Faulen und Unfähigen versprechen, das Geheimnis der Faulheit und der Unfähigkeit für sich zu bewahren und dafür zu sorgen, daß die Fleißigen bestraft werden.* Da es bekanntlich mehr Faule als Fleißige gibt, war es leicht, daß immer jene Partei die Oberhand erhält, die der jeweiligen Menge von Faulen, die ja das gleiche Stimmrecht hatten wie die Fleißigen (»one man one vote«), den Himmel auf Erden versprach.

Wie wird alles enden?

Sokrates, der größte Philosoph der Antike, lebte in einer Phase der griechischen Demokratie, die dem Highlife und dem Hully-Gully des ausgehenden 20. Jahrhunderts nicht unähnlich war. Wir können davon ausgehen, daß Athen nach seiner Niederlage gegen Sparta und einem gewaltherrschaftlichen Zwischenspiel eine ähnliche Liquiditäts-Hausse erlebte, wie wir sie in den Roaring Twenties oder den Funny Eighties schauen durften. Er sagt:

»Die Besonnenheit ... jagen sie unter Beschimpfungen von dannen ... Statt Übermut sagt man Wohlerzogenheit, statt Willkür Freiheit, statt Verschwendung Großartigkeit, statt Schamlosigkeit Männlichkeit.« Wer sieht da nicht den nackten Gottschalk

vor sich? Wer sieht nicht Frau von Sinnen, wenn er die Augen schließt?
Sokrates fährt fort: »Der Vater gewöhnt sich an Gleichberechtigung mit seinen Kindern und hat Furcht vor seinen Söhnen. Der Sohn hat weder Ehrfurcht noch Scheu vor dem Vater und den Eltern ... Der Lehrer fürchtet unter solchen Verhältnissen die Schüler und schmeichelt ihnen; die Schüler achten Lehrer und Erzieher für gering.« Ein Blick in ein Klassenzimmer jeder deutschen Schule wird ihm recht geben.
Sokrates dann:
»Wie weit es mit der *Gleichberechtigung* und Freiheit im Verhältnis der Frauen zu den Männern und der Männer zu den Frauen dann geht, hätte ich fast vergessen zu sagen ...« Wir können es nicht vergessen, denn jeden Tag hören wir über Gleichberechtigung und werden von Frauen mit Doppelnamen über ihre Notwendigkeit aufgeklärt.
Sokrates schließlich:
»Die Seele der Bürger wird schwach. Sie können es nicht ertragen, wenn man nur ein wenig Unterordnung von ihnen verlangt. Am Ende beachten sie dann auch die Gesetze nicht mehr, weder die geschriebenen noch die ungeschriebenen ... Und gerade das ist der schöne jugendfrohe Anfang der Tyrannis!«
Der Philosoph schließt:
»So darf man annehmen, daß die Tyrannis aus keiner anderen Staatsform hervorgeht als aus der Demokratie; die ärgste und härteste Sklaverei aus der wohl größten Freiheit.«